W0189090

Westfälisches Plätzchen-Buch
Rezepte von
Anis bis Zimtstern

Westfälisches Plätzchen-Buch

Rezepte von

Anis bis Zimtstern

Warendorf
Schnell Buch & Druck 1995

Herausgeber:	Verlag Schnell Buch & Druck, Warendorf
Redaktion:	(Rezepte und Texte) LK Deutsch 11/2, Kardinal von Galen Gymnasium, Münster-Hiltrup (Daniela Bartels, Martina Becher, Timo Bertram, Andreas Boßler, Susanne Breuksch, Viola Clevermann, Oliver Cyrus, Kristian Drande, Anne Everding, Ute Gawlista, Sven-Henrik Häseker, Sonja Hilbert, Alexandra Hofmann, Andrea Hupe, Hartmut Jaunich, Uwe Kippschnieder, Kristian Loroch, Jens Plath, Kristin Reichel, Ulrich Richter, Dominik Schleß, Tim Steverding, Christoph Weber, Kathrin Wüllner)
Illustrationen:	LK Kunst 11/2 Kardinal von Galen Gymnasium, Münster-Hiltrup (Jenny Bloem, Melanie Gausmann, Niclas Gehlmann, Andreas Gutsche, Helen Hildebrandt, Judith Müller, Britta Ostermann, Sarah Ostermann, Ines Poker, Jessica Reyes, Karoline Schmidt, Kathrin Schürmann, Michael Simons, Bernd Staljan, Lars Wentrup, Lioba Winkelmann)
Redaktion:	Elisabeth Schulte Huxel, Werner Bockholt
Umschlaggestaltung:	Melanie Gausmann, Jessica Reyes, Lars Wentrup
Seitengestaltung:	Judith Müller
Schrift:	Andrea Hupe
Druck und Verlag:	Schnell Buch & Druck Warendorf, Waterstroate 16
ISBN:	3-87716-885-x

Vorwort

Das vorliegende „Westfälische Plätzchen-Buch" ist aus einer Auswahl von Rezepten entstanden, die Schülerinnen und Schüler der Jahrgangsstufe 11 des Kardinal von Galen-Gymnasiums in Münster-Hiltrup zusammengetragen haben.

Dazu wurden Mütter, Großmütter und Tanten befragt und deren Lieblingsrezepte aufgeschrieben, die zum Teil schon seit Generationen in den jeweiligen Familien gepflegt und weitergegeben wurden.

Neben den so zusammengetragenen Plätzchenrezepten, die einen Querschnitt durch das in der Gegenwart übliche Kleingebäck in Münster und seiner westfälischen Umgebung vermitteln, wurden in einem zweiten Arbeitsschritt alte handgeschriebene Kochbücher, viele aus der Vorkriegszeit, einige sogar aus dem letzten Jahrhundert, durchgeforstet und unter dem Blickwinkel des dort aufgeführten Kleingebäcks untersucht.

Dabei ist deutlich geworden, daß im frühen 20. Jahrhundert in Westfalen Plätzchen nur eine geringe Bedeutung hatten. Erst in den letzten 20 Jahren hat sich das Backen von Kleingebäck auch über die Weihnachtszeit hinaus ausgebreitet, so daß sich in der Gegenwart die Hausfrau und der Hausmann einer wahren Flut von Plätzchenrezepten gegenübergestellt sehen. Aus der Fülle von Rezepten, die zusammengetragen wurde, wurde eine Auswahl von etwa

250 Rezepten zusammengestellt, bei der die traditionelle Bodenständigkeit der Rezepte ein zentrales Auswahlkriterium darstellte.
Allen, die am Zustandekommen dieses Backbuches beteiligt waren, den Schülern und Schülerinnen, die die Rezepte sammelten, die Mütter, Großmütter und Verwandten, die bereitwillig ihre Familienrezepte herausrückten und aufschrieben, allen, die handgeschriebene Kochbücher von früher zur Verfügung stellten, den Schülerinnen und Schülern, die die zahlreichen Illustrationen erstellten, sei hiermit herzlich gedankt.
Ein besonderer Dank gilt Andrea Hupe, die alle Rezepte säuberlich in Handschrift übertrug.
Allen Hausfrauen und Hausmännern, die dieses Westfälische Plätzchen-Buch erwerben, wünschen wir viel Spaß beim Ausprobieren der Plätzchen und guten Appetit.

Dieses „Westfälische Plätzchen-Buch" stimmt im wesentlichen mit dem im selben Verlag erschienenen „Münsterländischen Plätzchen-Buch" überein.

T

V

W

Z

Einleitung

Der Raum Westfalen ist weniger bekannt durch kulinarische Genüsse, die sich im Bereich Kleingebäck und süßes Backwerk bewegen. Mit dieser Region zwischen Münsterland und Wittgensteiner Land, östlichem Ruhrgebiet und Warburger Börde, Mindener Land und Sauerland, werden eher handfeste und deftige Gerichte verbunden wie etwa „Dicke Bohnen", luftgetrockneter oder geräucherter Knochenschinken, Eintöpfe und Durchgemüse wie „Schnibbelbohneneintopf" oder „Quer durch den Garten", Pfefferpotthast, Töttchen, Pumpernickel oder Mettendchen. Zu diesem Essen darf natürlich dann auch ein westfälisches Bier, ein Korn, ein Wacholder oder ein Steinhäger nicht fehlen.

Backen in Westfalen hingegen konzentrierte sich ursprünglich zunächst auf die Erstellung von Broten. Gerade der Bauernstuten war von zentraler Bedeutung, aber auch das Schwarzbrot (= Pumpernickel) wurde früher auf den großen Bauernhöfen im eigens dafür errichteten Backhaus selbst gebacken. Der Rosinen- oder Korintenstuten war schon eine besondere Delikatesse. Der Bauernstuten aus Weizenmehl war alltäglich, der Pumpernickel aus Roggenschrot wurde auf Vorrat produziert. Der Rosinenstuten war besonderen Tagen vorbehalten. So gab es ihn sonntags zum zweiten Frühstück nach dem Kirchgang als sogenanntes „Westfälisches Kaffeegedeck", bestehend aus Rosinenstuten, Bauernstuten, Pumpernickel, Butter und frischem

Kaffee, oder noch am selben Nachmittag, wenn Besuch kam.
Das Backen von Kuchen war in Westfalen nur bei besonderen Anlässen üblich. Dazu gehörten Namenstage, hohe Feiertage des Kirchenjahres und Familienfeiern. Aber auch bei anstrengenden Feldarbeiten wie dem Vereinzeln von Runkelrüben oder der Einfuhr des Getreides gab es schon mal Streuselkuchen oder Apfelkuchen (Appeltate) vom Blech, der dann mit Kaffee in der Emailledüppe und Schinkenschnittchen zum Feld gebracht wurde.
Das Backen von Plätzchen war in Westfalen vorwiegend auf die Adventszeit begrenzt. Auch die Plätzchen, die als Backwerk erstellt wurden, waren überall fast gleich. Da gab es Gewürzspekulatius, Pfeffernüsse, Berliner Brot und gelegentlich Spritzgebäck. Zu Nikolaus am 6. Dezember steckte im Stiefel schon mal ein Stutenkerl oder in Südostwestfalen ein Gebindebrot mit einem hübschen Motiv.
Gerade im bäuerlich-ländlichen Raum Westfalens hatte das Plätzchenbacken schon deshalb geringe Bedeutung, weil das Erstellen der Plätzchen sehr zeitaufwendig war, sehr teuer war, weil Gewürze wie Zimt, Hirschhornsalz, Nelken und Kardamon in der Drogerie gekauft werden mußten und weil sie schlichtweg zum Leben nicht notwendig waren. Die doch recht praktisch, sparsam und pragmatisch ausgerichteten Westfalen hatten mit Plätzchen nun mal nicht viel im Sinn. Aber zu Weihnachten, auf das sich die Kinder schon monatelang freuten, wurde dann fleißig gebacken. An einem

kühlen, trockenen Platz im Haus stand dann die große Milchkanne und war mit Plätzchen wohl gefüllt.
Westfalen war sicherlich nie ein Schlaraffenland des Kleingebäcks, jedoch aus dem Einerlei von Spritzgebäck und Spekulatius, Berliner Brot und Pfeffernüssen hat sich bis zur Gegenwart, dank der vielen Einflüsse aus anderen Landschaften, eine Vielfalt entwickelt, so daß sich Westfalen von anderen Räumen kaum noch unterscheidet.
Dennoch wurde bei diesem Westfälischen Plätzchen-Buch darauf geachtet, daß die traditionellen Rezepte, wie sie für diese Landschaft charakteristisch sind, ihren verdienten Platz einnehmen.
Daneben vermittelt dieses Buch einen doch fast repräsentativen Einblick in das gegenwärtige „Plätzchenbackverhalten" Westfalens.
Der in Westfalen früher gebräuchliche Spruch

„Weihnachten backt jedermann,
Ostern wer es kann,
Pfingsten nur der reiche Mann"

gilt heute nicht mehr, denn das Backen von Kleingebäck ist zu einem alltäglichen, aber trotzdem noch besonderen Bestandteil der Arbeit in der Küche geworden, der sich durch besondere Freude und soziale Erlebnisse hervortut.
Damit bleibt nur noch zu sagen:

Auf die Plätzchen, fertig, los . . .!

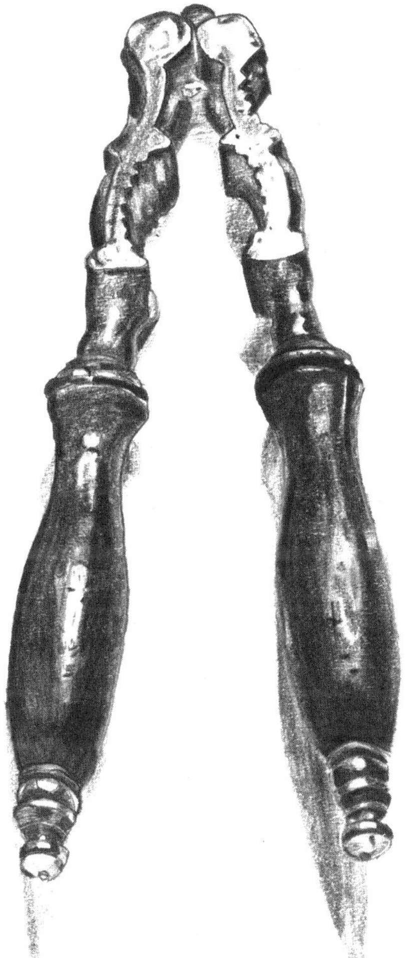

A

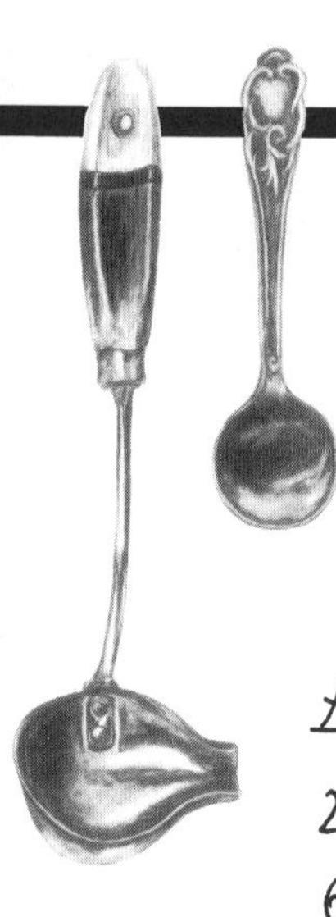

Aachener Printen

250 g Honig oder Sirup, 65 g Butter oder Margarine, 65 g Zucker oder Kandisfarin, 375 g Mehl, 50 g Zitronat, je 1/2 gestr. Teel. Nelken, Kardamom und Koriander, 1 gestr. Teel. Zimt, 7 g Pottasche. Zum Ausrollen: Grümmel.

Honig, Fett und Zucker erwärmen, auflösen und etwas abkühlen lassen. Mehl mit den Gewürzen in eine Schüssel sieben, Zitronat dazugeben und von der Mitte aus mit dem Honiggemisch verrühren. Die Pottasche in wenig Wasser auflösen, zuletzt gut durchkneten und den Teig kaltstellen. Dann auf Grümmel ausrollen, in Streifen schneiden (8 cm lang, 3 cm breit), auf ein gefettetes Backblech legen und dünn mit Wasser bestreichen. Backen: 15-18 Minuten bei 175-190° C.

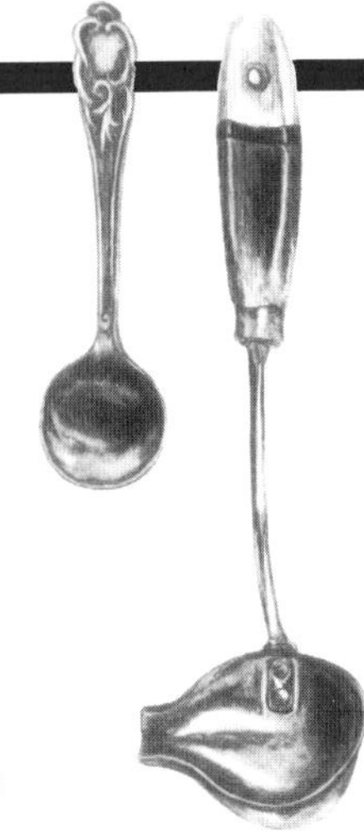

Albertplätzchen

2 Eier, 125 g Zucker, 150 g Mehl, 150 g Speisestärke, 1 g Natron.

Eier und Zucker schaumig schlagen, Mehl mit Speisestärke sieben, nach und nach zur Eiermasse geben, alles zu einem glatten Teig verkneten. Den Teig 30-40 Minuten kühl ruhen lassen, dann messerrückendick ausrollen, runde Plätzchen ausstechen, auf ein gefettetes Backblech legen, jedes Plätzchen mehrmals mit der Gabel einstechen, die Plätzchen backen. Backzeit: 8-12 Minuten bei 190-200° C.

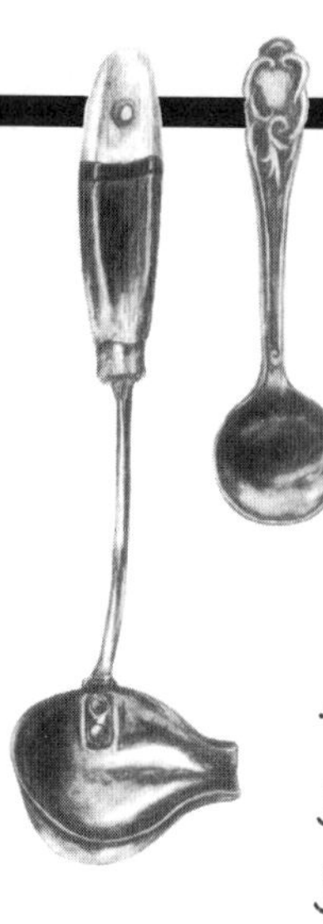

Amaretti-Mandelmakronen

300 g geschälte, gemahlene Mandeln, 6 Tropfen Bittermandelöl, 300 g Zucker, 3 Eiweiß, 100 g Puderzucker zum Bestreuen.

Mandeln, Bittermandelöl und Zucker mischen. Eiweiß sehr steif schlagen und nach und nach unter den Mandelteig mischen. Aus dem Teig – er darf nicht weich sein – 4 1/2 cm große Kügelchen formen. Ein Backblech mit Pergamentpapier auslegen und die Amaretti mit größerem Abstand auf das Backblech legen. Im Backofen auf der mittleren Schiene lichtgelb backen, trocknen, 30 Minuten backen, bei ca. 160°C. Noch warm gut mit Puderzucker bestreuen. Leicht abkühlen, dann vom Papier lösen.

Anisplätzchen

3 Eier, 280 g Puderzucker, 1 P. Vanillinzucker, 200 g Mehl, 100 g Speisestärke, 1 Teel. gemahlener Anis.

Eier mit Puder- und Vanillinzucker zu einer cremigen Masse schlagen. Mehl, Speisestärke, Anis mischen und portionsweise mit der Creme verrühren. Mit dem Teelöffel Häufchen auf ein gefettetes, mit Mehl bestäubtes Blech setzen und über Nacht in einem warmen Raum ruhen lassen, damit sich ein Häutchen bildet. Die Plätzchen sehr hell bei 160-180° C 30-40 Minuten backen.

Apfelgebäck

12 geschälte Äpfel, 1/4 Pfund Korinthen, 1/4 Pfund Rosinen, 1 Pfund feines Mehl, 2 Eßl. Hefe, 6 Eier, 1/4 Pfund Zucker, 1/4 Liter Weißwein, Zimt, geriebene Zitronenschale.

Äpfel, Korinthen und Rosinen läßt man eben aufkochen, rührt dazu Mehl, Hefe, Eier, Zucker, Wein, Zimt und Zitronenschale. Wenn der Teig gut durcheinander gemengt ist, sticht man ihn mit einem Eßlöffel aus und läßt die Kuchen in abgeklärtem Fett, am besten in Butter, gar werden.

Apfelsinen-Schokoladenplätzchen

200 g Weizenmehl, 60 g Speisestärke, 1 gestr. Teel. Backpulver, 100 g Zucker, 1 P. Vanillinzucker, 1 Ei, abgeriebene Schale von 1 unbehandelten Apfelsine, 125 g Butter oder Margarine, 100 g zartbittere Schokolade.

Mehl, Stärke und Backpulver mischen und auf die Tischplatte sieben. In die Mitte eine Vertiefung drücken. Zucker, Vanillinzucker, Apfelsinenschale und Ei dazugeben, mit einem Teil des Mehls zu einem dicken Brei verarbeiten. Dann die Butter dazugeben. Die Schokolade in Stückchen schneiden, zum Teig geben, mit Mehl bedecken und von der Mitte aus alle Zutaten schnell zu einem glatten Teig verkneten. Drei etwa 3 cm dicke Rollen formen, sie breitdrücken (5 cm breit und 1 cm hoch), kaltstellen, bis der Teig hart geworden ist. Den Teig in knapp 1/2 cm dicke Scheiben schneiden und auf ein Backblech legen. Bei 175-200° etwa 10 Minuten backen.

B

Bäumchen und Rosetten

Teig: 250 g Sanella, 175 g feiner Zucker, 1 P. Vanillinzucker, 1 Ei, 175 g Weizenmehl, 175 g Gustin, 75 g Mandeln (gemahlen). Zum Garnieren: etwa 25 g Belegkirschen.

Die Margarine schaumig rühren und nach und nach Zucker, Vanillinzucker und Ei hinzugeben. Das mit Gustin gemischte und gesiebte Mehl eßlöffelweise unterrühren. Die Mandeln zuletzt unter den Teig heben. Ihn in einen Spritzbeutel mit Sterntülle füllen und in beliebigen Formen auf ein gefettetes Backblech spritzen. Für Bäumchen 8 cm lange Stangen – am unteren Ende etwas dicker werdend – spritzen. Dann rechts und links schräg an die Stangen dicht nebeneinander die "Zweige" spritzen. Für Rosetten etwa 6 "Schwänzchen" kreisförmig

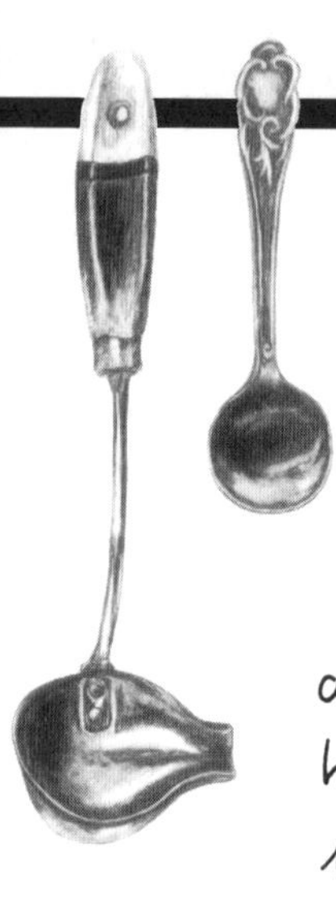

aneinander spritzen. In die Mitte jeweils eine halbierte Belegkirsche setzen. Bei 175–200° C 10–15 Minuten im vorgeheizten Ofen backen.

Bentheimer-Moppen

2 1/2 Pfund Mehl, 1 1/2 Liter Milch, 1/2 Pfund Butter, 1 1/2 Pfund Zucker, 3 Eßl. Kümmel oder Anis, 15 g Hirschhornsalz.

Mehl in eine Schüssel geben. Milch mit Butter, Zucker und Kümmel oder Anis anwärmen. Wenn sich der Zucker gelöst hat, die Flüssigkeit in die Vertiefung des Mehles geben und 15 g Hirschhornsalz hinzufügen. Den Teig kneten, ausrollen und runde Plätzchen ausstechen, die hellbraun gebacken werden.

Baiser

4 Eiweiß, 200 g feiner Zucker.

Das Eiweiß wird zu steifem Schnee geschlagen. Er muß so fest sein, daß ein Schnitt mit einem Messer sichtbar bleibt. Darunter schlägt man nach und nach eßlöffelweise den Zucker. Die Baisermasse wird mit einem Spritzbeutel gefüllt und in verschiedenen Formen auf ein gefettetes, mit Mehl bestäubtes Backblech gespritzt oder mit 2 Teelöffeln auf das Backblech gesetzt. Das Blech muß in einen fast kalten Ofen geschoben werden. Das Gebäck darf nur leicht aufgehen und sich schwach gelblich färben. Backzeit: ca. 90 Minuten bei leichter Hitze.

Bananen-Früchte-Riegel

Teig: 100 g Mehl, 80 g Haferflocken, 25 g Weizenkeime, 1/2 Teel. Backpulver, 1 Eßl. Sonnenblumenkerne, 1 Eßl. Haselnüsse (grob gehackt), 150 g Joghurt, 90 g Fruchtzucker, 5 Eßl. Kondensmilch,
Füllung: 6 Backpflaumen, 4 Feigen, 1 Banane, 4 Eßl. Kokosraspeln, 1 Eßl. Fruchtzucker, 1 Eßl. Rum-Aroma, 1 Eßl. Zitronensaft, 1 Prise Zimt.

Backpflaumen und Feigen in Wasser einweichen lassen. Kleingeschnittene Backpflaumen, Feigen und Banane mit Kokosraspeln, Fruchtzucker, Rum-Aroma, Zitronensaft und Zimt verrühren. Sonnenblumenkerne und Haselnüsse 10 Minuten in der Pfanne goldgelb rösten. Dann mit Mehl, Haferflocken, Weizenkeimen und Backpulver vermischen. Joghurt, Kondensmilch, Fruchtzucker vermischen und dann mit der

Mehlmischung zum Teig verarbeiten. Hälfte des Teiges auf ein mit Backpapier belegtes Blech messerrückendick verteilen, dann Früchtefüllung daraufgeben und mit dem restlichen Teig bedecken. Kokosflocken darauf verstreuen. Dann im vorgeheizten Ofen bei 175°C 35 Minuten backen. Nach Abkühlen in Riegel schneiden.

Berliner Brot

500g Mehl, 500g Farinzucker, 200g Butter, 2 Eier, 1/2 P. Backpulver, 2 Eßl. Kakao, (knapp) 1 Teel. Zimt, (gut) 1 Teel. Nelken.

Aus den Zutaten einen Teig kneten, dünn ausrollen (ergibt ca. 1 1/2 Bleche). Mit Mandeln oder Nüssen belegen und mit einem Eigelb bestreichen. Im vorgeheizten Backofen bei 225-250°C 30-45 Minuten backen. Anschließend den Teig in kleine Vierecke schneiden.

Berliner Pfannekuchen

1/4 Liter Milch, 1/4 Pfund Butter, 1 Ei, 3-5 Eidotter, 50g Hefe, 50g Zucker, 1 Teel. Salz, Mehl, Marmelade, Eiweiß, Zimt und Zucker.

Aus Milch, Butter, Ei, Eidottern, Hefe, Zucker und Salz einen Hefeteig herstellen und so viel Mehl hinzufügen, bis der Teig sich ausrollen läßt. Zunächst läßt man ihn aufgehen, rollt ihn 1-1 1/2 cm dick aus und sticht mit einem großen Weinglas Scheibchen aus. Auf die Mitte der Hälfte der Scheiben legt man Marmelade, bestreicht die Fläche rundherum mit Eiweiß, legt darauf eine unbelegte Scheibe, drückt sie rundherum fest, läßt die Kuchen nochmals aufgehen und gibt dann die obere Seite zuerst in das siedende Fett. Sobald eine Seite hellbraun ist, wird sie gewendet. Ist diese gebräunt, nimmt man die Kuchen mit dem Schaumlöffel heraus und wendet sie in Zucker und Zimt.

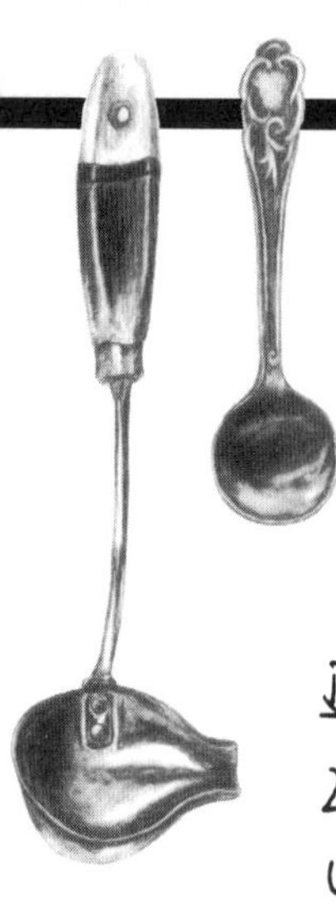

Bernsteinplätzchen

250 g Mehl, 100 g Puderzucker, 125 g Butter in Würfeln, 1 Ei, 1 Eigelb. Für die Glasur: 1 Eigelb, 150 g Zucker, 250 ml Wasser.

Mehl, Puderzucker und Butter gut mit den Fingern solange kneten, bis nur noch kleine Krümel da sind. Ei und Eigelb hinzufügen und mit einem Messer verrühren, anschließend mit den Händen kneten. Den Teig 30 Minuten kaltstellen. Inzwischen die Glasur herstellen. Eigelb mit einer Gabel verquirlen. Zucker in Wasser in einem Topf unter rühren zum Kochen bringen. Wenn das Karamel rotbraun ist, mit etwas Wasser verdünnen und in das Eigelb geben und kräftig rühren. Auf einer mit Mehl bestreuten Arbeitsfläche den Teig zu einer 3 mm dicken runden Teigplatte ausrollen. Mit einem

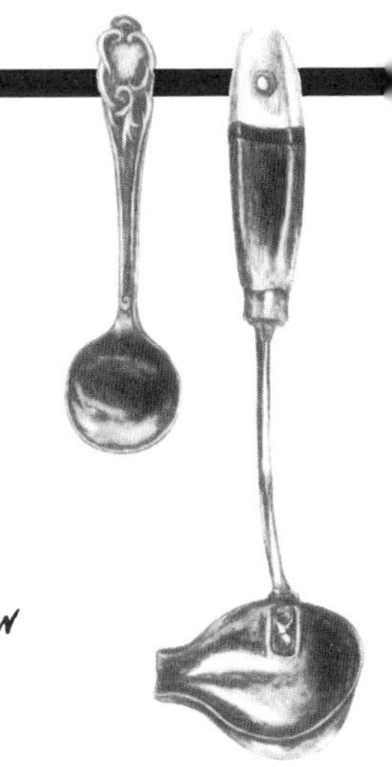

Glas runde Plättchen ausstechen und mit der Glasur bestreichen. Bei 190°C ca. 12 Minuten backen, bis die Unterseite goldbraun ist.

Bischofsbrot

200g Zucker, 3 Eier, 200g Mehl, 50g ungeschälte süße Mandeln, 50g Sultaninen.
Man stellt aus den Zutaten einen Biskuitteig her, streicht ihn fingerdick auf ein Backblech und backt ihn goldgelb. Noch warm wird er in fingerdicke Streifen geschnitten und die Schnittflächen ebenfalls goldgelb gebacken.

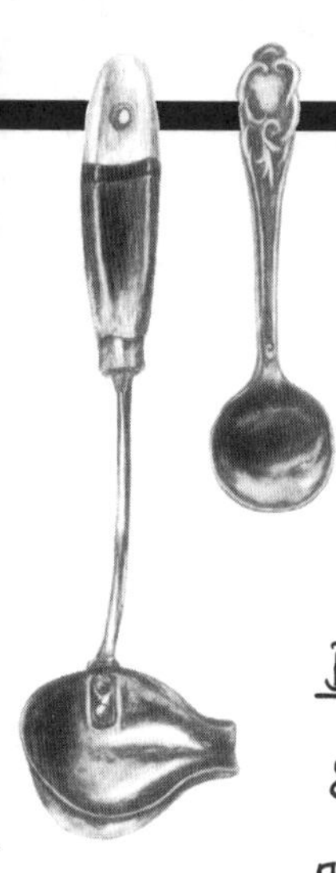

Biskuit

8 Eier, 100 g Zucker, 1/4 Zitrone (Saft und abgeriebene Schale), 125 g Mehl.
Zucker und Eigelb dickrühren, bis sich der Zucker aufgelöst hat. Zitronensaft und Schale beifügen. Abwechselnd Mehl und steifen Eischnee unterziehen. In zugerichteten Förmchen füllen und bei schwacher Hitze backen.

Blätterteig-Gebäck

1 Paket Blätterteig (gefroren), Marmelade, Eigelb, Zuckerguß.
Scheiben auftauen lassen. Dann mit Marmelade füllen, zu Taschen zusammenlegen. Ränder gut andrücken. Gebäck mit Eigelb bestreichen und bei 170°C ca. 30-35 Minuten backen. Nach dem Backen mit Zuckerguß überziehen.

Blitzkuchen

6 Eier, 1/4 Pfund Zucker, abgeriebene Zitronenschalen, Zimt, 1/4 Pfund geschmolzene Butter, 1/2 Pfund Mehl, Zucker, Zimt, geriebene Mandeln. Man schlägt die Eier mit Zucker, Zitronenschalen und Zimt gut durcheinander. Dann rührt man Butter und Mehl hinzu, bestreicht eine flache Kuchenform mit Speck, gibt den Teig hinein, bestreut ihn mit Zucker, Zimt und Mandeln und backt ihn schnell gar.

Brüsseler Spitzen

400 g Mehl, 250 g Margarine, 120 g Puderzucker, 1 Eigelb, 1/2 P. Backpulver, 1 P. Vanillinzucker, 100 g Nüsse (gehackt), 15 g Zimt, 1 Eiweiß, 1 P. Schokoladenguß.

Aus den Zutaten einen Knetteig herstellen. Davon 500 g abwiegen und darunter Nüsse und Zimt kneten. Den Teig zu 4 Rollen formen. Den Rest des Knetteiges ausrollen, ca. 2-3 mm dick, mit verschlagenem Eiweiß bestreichen, die Teigrollen darin einschlagen und diese in eine beliebige Form bringen: □ △ ○. Den Teig einige Stunden kaltstellen, in ca. 1/2 cm dicke Scheiben schneiden und bei 180°C ca. 10-15 Minuten goldgelb backen. Nach dem Erkalten Schokoladenguß darauftröpfeln.

Bunte Plätzchen

125 g Butter oder Margarine, 125 g Zucker, 1 Ei, 1 P. Vanillinzucker, 250 g Mehl, 1 Eigelb, 50 g Schokolade, 1 Eßl. Kokosraspeln.

Fett schaumig rühren und löffelweise Zucker und Vanillinzucker dazurühren. Das Ei hinzugeben. Das Mehl sieben und nach und nach darunterrühren. Den Teig zum Schluß kneten und kaltstellen. Danach vorsichtig ausrollen, runde Plätzchen von etwa 3cm Ø ausstechen und mit Eigelb bestreichen. Die Schokolade reiben, mit Kokosraspeln vermischen, die Plätzchen damit bestreuen und 8-15 Minuten backen.

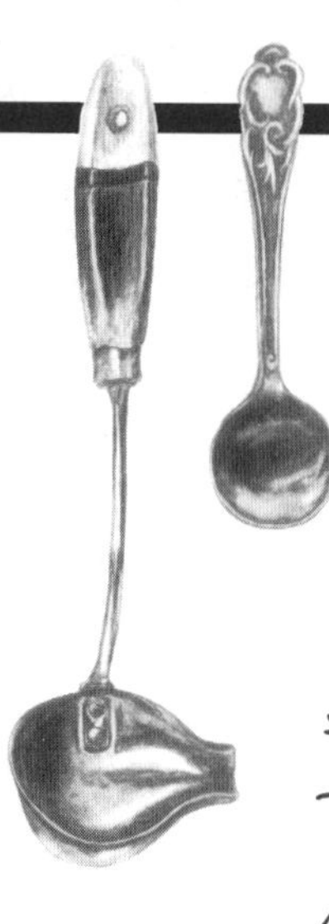

Bunte Sterne

Teig: 250 g Weizenmehl, 1 Messerspitze Backpulver, 100 g Zucker, 1 P. Vanillinzucker, 1 Messerspitze Zimt, 1 Messerspitze Kardamom, 1 Messerspitze gemahlene Nelken, 1 Messerspitze gemahlene Muskatblüte, 1 Ei, 125 g Margarine. Guß: 100 g Kuvertüre. Zum Bestreuen: bunte Zuckerstreusel.

Für den Teig das mit Backpulver gemischte Mehl auf die Tischplatte sieben. In die Mitte eine Vertiefung drücken, Zucker, Vanillinzucker, Gewürze und Ei hineingeben und mit einem Teil des Mehls zu einem dicken Brei verarbeiten. Darauf die in Stücke geschnittene kalte Margarine geben, sie mit Mehl bedecken und von der Mitte aus alle Zutaten schnell zu einem glatten Teig verkneten. Sollte er kleben, ihn eine Zeitlang kaltstellen. Den Teig dünn ausrollen, Sterne in zwei Größen (die gleiche Anzahl von jeder Größe) ausstechen und auf ein gefettetes Backblech legen. Bei 175-200°C im vorgeheizten Ofen 8-10 Minuten backen. Für den Guß die Kuvertüre in einem kleinen Topf im Wasserbad oder auf der Automatikplatte bei schwacher Hitze zu einer geschmeidigen Masse verrühren. Die großen Sterne damit bestreichen, die kleinen so darauf legen, daß die braunen Spitzen der unteren Sterne zu sehen sind und diese mit Zuckerstreuseln bestreuen.

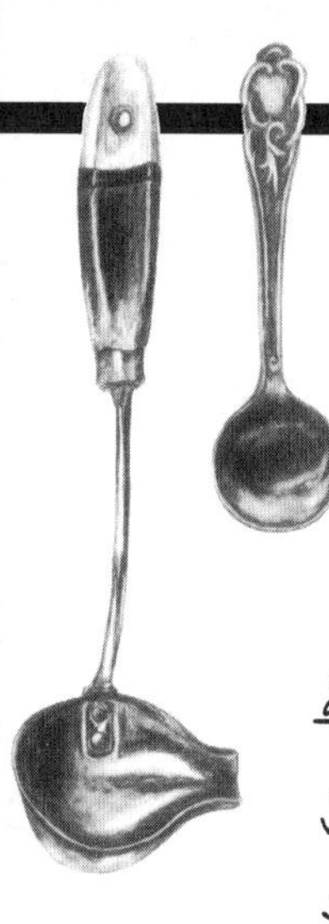

Kleines Buttergebäck

3 Eier, 60 g Zucker, 90 g Butter, Gewürz nach Geschmack, Mehl, Zimt und Zucker.
Eier werden mit Zucker und Butter verrührt. Dazu gibt man Gewürz und Mehl, knetet den Teig gut durch, rollt ihn aus, sticht Förmchen aus und backt den Kuchen in Butter. Wenn die Kuchen gar sind, streut man Zimt und Zucker darauf.

Butterplätzchen

360 g Margarine, 200 g Zucker, 125 g Mehl, 1 Teel. Backpulver.
Margarine und Zucker schaumig rühren. Mehl und Backpulver unterrühren. Den Teig zu einer Rolle formen, diese kaltstellen, in Scheiben schneiden und hellbraun backen.

Butterkränze

1 Pfund Mehl, 70 g Butter, 70 g feingehackte Nüsse oder Mandeln, 1/4 Liter Milch, 1 Ei, 4 Eidotter, 2 Eßl. Rosenwasser, 1 Eßl. Zucker, 1 Prise Salz, 30 g Hefe.

Aus Mehl, Butter, Nüssen bzw. Mandeln, Milch, Ei, Eidottern, Rosenwasser, Zucker, Salz und Hefe stellt man einen Teig her. Ist er aufgegangen, so rollt man ihn aus, schneidet 1 cm breite Streifen, rollt diese, formt Kränzchen daraus, läßt sie aufgehen und backt sie in Fett.

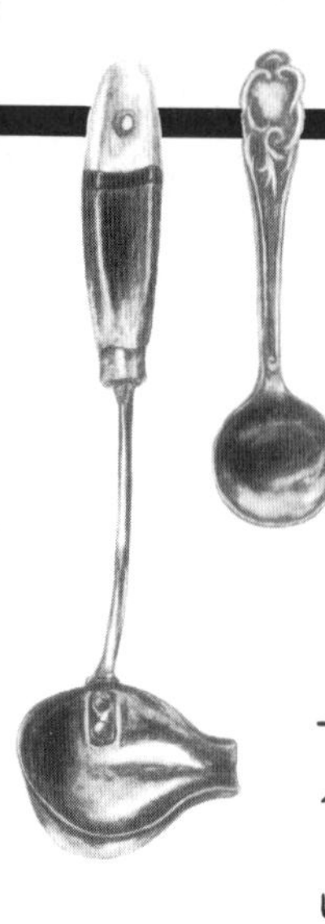

Buttermilchplätzchen

1/2 Pfund Butter, 1/2 Pfund Mehl, 3 EßL. Buttermilch, Guß: Zucker.

Die Zutaten ineinanderschütten und matschig in den Kühlschrank stellen. Über Nacht so stehen lassen. Am nächsten Tag Zutaten verkneten und zu einem Teig ausrollen. Nach dem Ausrollen Zucker draufstreuen. Backzeit: 10–15 Minuten bei 200°C auf mittlerer Schiene.

Gefüllte Butterplätzchen

200 g feingemahlener Dinkel (Reformhaus), 100 g Butter, 1 Eßl. cremiger Honig, 1 Teel. Naturvanille, Mehl zum Ausrollen; für die Füllung: 100 g getrocknete Aprikosen, 40 g Butter.

Dinkel, Butterflöckchen, Honig und Vanille verkneten. 30 Minuten kaltstellen. Portionsweise auf etwas Mehl ca. 2 mm dick ausrollen. Blüten ausstechen und auf mit Backpapier ausgelegtes Blech legen. Bei 200°C etwa 15 Minuten backen (die nächsten Bleche nur 8 Minuten!). Aprikosen zerkleinern und mit weicher Butter verrühren. Je zwei Plätzchen mit der Creme zusammensetzen.

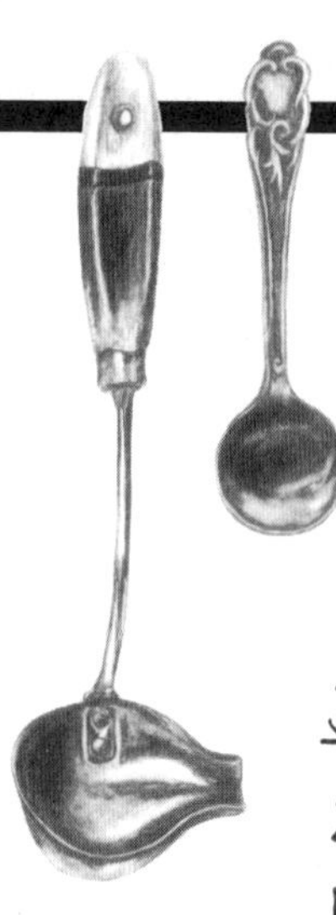

Butterschnecken

250 g Mehl, 1 Prise Salz, 250 g kalte Butter, etwas kaltes Wasser, Zucker und Zimt.

Mehl und Salz in eine Schüssel geben. Butter in Würfel schneiden und zu dem Mehl geben, gut umrühren. Etwas kaltes Wasser in die Schüssel gießen und mit einer Gabel verrühren. Danach so viel Wasser dazugießen, bis der Teig zusammenhält. Den Teig mit den Händen zu einer Kugel formen und in Klarsichtfolie gerollt 15 Minuten in den Kühlschrank legen. Den Teig auf einer bemehlten Arbeitsfläche zu einem Rechteck von 3 mm Dicke ausrollen. Mit Zucker und Zimt bestreuen. Den Teig aufrollen und in Scheiben schneiden, die auf ein gefettetes Backblech gelegt werden. Bei 180°C 10 Minuten backen.

Buttersterne

125 g Butter, 250 g Mehl, 100 g Zucker, 1 Prise Salz, 1 kleines Eigelb, abgeriebene Schale einer halben Zitrone.

Die Zutaten zu einem Teig verarbeiten, 30 Minuten kühlstellen. Den Teig 1-2 cm dick ausrollen und Sterne ausstechen. Auf ein gefettetes Backblech legen. Ca. 12 Minuten im vorgeheizten Backofen bei 200°C backen.

Butterwecken

40g Hefe, 3 Eßl. warme Milch, 2 Eßl. Zucker, 1/2 Pfund Mehl, 3 Eßl. Butter, 1/4 l Milch, 1/2 Pfund Weizenmehl.

Hefe mit 3 Eßl. warmer Milch und Zucker verrühren. 1/2 Pfund Mehl in eine Schüssel geben, in die Mitte eine Vertiefung drücken, die aufgelöste Hefe hineingeben und etwas Mehl von den Seiten darüberstreuen. Den Teig abdecken und gut 20 Minuten gehen lassen. Butter mit einem viertel Liter Milch erwärmen und mit einem halben Pfund Mehl unter den Teig rühren. Den Teig gut kneten, bis er nicht mehr klebt, abdecken und wieder 20 Minuten gehen lassen. Danach gut durchkneten und zu einer faustdicken Rolle ausrollen. Die Rolle in gut 20 Stücke teilen, runde Brötchen formen. Blech mit Speck einreiben, die Brötchen darauf legen und eine gute viertel Stunde gehen lassen. Brötchen im heißen Ofen eine Viertelstunde ausbacken. Danach mit heißer Milch oder flüssiger Butter bestreichen.

6

Chesterkekse

125 g Mehl, 125 g (Chester) Käse, 125 g Butter oder Margarine, Salz, Pfeffer, Dosenmilch, Paprika, Kümmel.

Das Mehl auf ein Backbrett sieben, den geriebenen Käse darüberstreuen. Fett in Flöckchen darüber verteilen und Salz und Pfeffer darüberstreuen. Alle Zutaten rasch miteinander verkneten und den Teig 30 Minuten kühl ruhen lassen. Danach 1/4 des Teiges dünn ausrollen. Plätzchen von 5 cm Ø ausstechen, auf ein ungefettetes Backblech legen, mit Dosenmilch bestreichen und mit Paprika oder Kümmel bestreuen. Die Plätzchen 8–15 Minuten hell backen. Mit dem Rest des Teiges genauso verfahren.

Coburger Ringchen

125 g Mehl, 100 g Butter, 3 hartgekochte Eier, 30 g Mandeln, 1 P. Vanillinzucker, Zitronenglasur.

Mehl, Butter, durch ein Sieb gedrückte Eigelb, gemahlene Mandeln und Vanillinzucker rasch zu einem Teig kneten. Dann ausrollen und Ringchen ausstechen. Bei mäßiger Hitze backen. Mit Zitronenglasur überziehen.

Cornflakes-Makronen

3 Eiweiß, 1 Teel. Zitronensaft, 1/2 Teel. Salz, 1 P. Vanillinzucker, 100 g Puderzucker, 40 g Instant-Trockenmilch, 200 g Cornflakes, 100 g gehackte Walnüsse, 100 g Kokosraspeln.

Eiweiß mit Zitronensaft und Salz schnittfest schlagen. Vanillin- und Puderzucker und Trokkenmilch hineinmischen. Dann unter ständigem Rühren Cornflakes, Nüsse und Kokosraspeln mit der Masse vermengen. Mit 2 Teelöffeln Häufchen auf ein gut gefettetes Blech setzen und 20–25 Minuten bei 140–160°C backen.

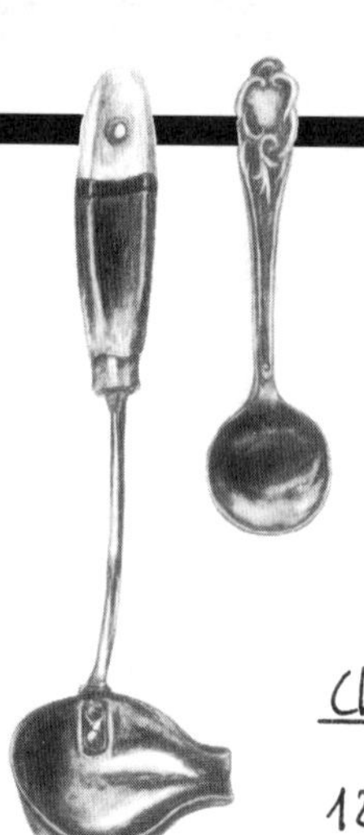

Christbaumgebäck

125 g Mehl, 50 g Butter, 60 g Zucker, 1 Ei, 2 g Hirschhornsalz (in 1/2 Eßl. Wasser gelöst).
Aus den Zutaten einen Mürbeteig erstellen, ruhen lassen, ausrollen, mit Förmchen ausstechen, vor dem Backen ein Loch zum Aufhängen ausstechen. Den Teig im Ofen backen, nach Abkühlen mit Guß überziehen und bunt verzieren.

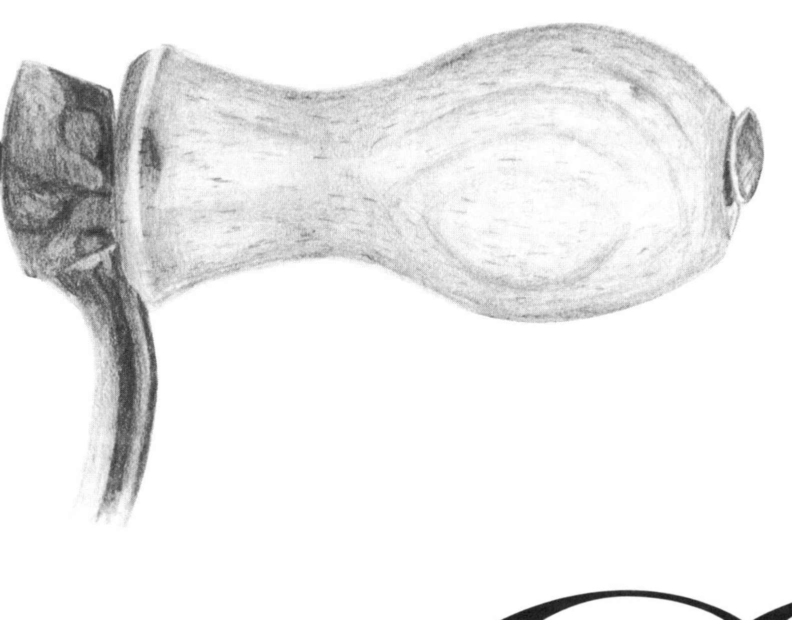

Damenzungen

1/2 Liter süße Sahne, 200 g Vanillezucker, 200 g Mehl, 5 Eiweiß, Schokoladencreme.

Sahne steif schlagen, Zucker und gesiebtes Mehl darunterziehen und zuletzt den steif geschlagenen Eischnee darunterziehen. Von dieser Masse mit einem Spritzbeutel kleine längliche Streifen auf das gefettete und mit Mehl bestäubte Blech spritzen, in Mittelhitze goldbraun backen und noch warm vorsichtig mit einem Messer abnehmen. Je zwei mit einer Schokoladencreme- oder glasur zusammensetzen.

Backzeit: 12-15 Minuten bei 180-200°C.

Dominosteine

125 g Honig, 125 g Zucker, 25 g Butter, 1 P. Lebkuchengewürz, 50 g geriebene Mandeln, 1 Eigelb, 300 g Mehl, 5 g Hirschhornsalz, 3 g Pottasche, 6 Eßl. Wasser. Füllung: 1/2 Glas Himbeer-Konfitüre, 150 g Marzipan-Rohmasse, 100 g Puderzucker, 1-2 Eßl. Rum. Glasur: 250 g Puderzucker, 30 g Kakao, 3-5 Eßl. heiße Milch oder Wasser, 25 g zerlassenes Kokosfett.

Honig mit Zucker und Fett erhitzen und wieder abkühlen lassen. Das Eigelb mit der Honigmasse verrühren, Mehl mit den Gewürzen und Mandeln vermischen und portionsweise zugeben, zuletzt das Wasser und das darin aufgelöste Hirschhornsalz und Pottasche gründlich unterrühren. Den Teig etwa 1,5 cm dick auf ein gefettetes Backblech streichen. Backen: 20-25 Minuten bei 175-180°C.

Nach dem Abkühlen die Kuchenplatte einmal längs durchschneiden. Eins der beiden Rechtecke mit Himbeekonfitüre bestreichen. Dann die mit Puderzucker und Rum verknetete Marzipanmasse entsprechend ausrollen und als zweite Schicht darauflegen. Auf die Marzipanmasse nochmals eine Schicht Himbeerkonfitüre streichen und das zweite Rechteck darauflegen. Aus der Kuchenplatte quadratische Würfel (ca. 4×4 cm) schneiden und mit Glasur überziehen.

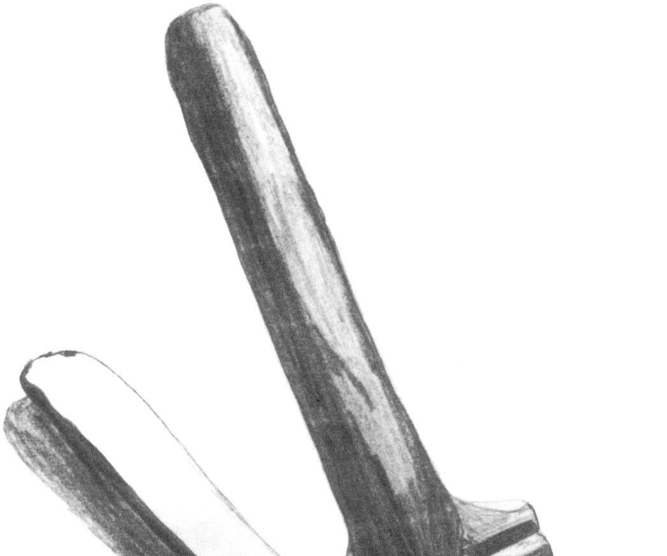

E

Eiergebäck

10 hartgekochte Eier, 150g Butter, 125g Zucker, 150g Mehl, abgeriebene Zitronenschale, Zimt.

Das Gelbe von den gekochten Eiern wird mit einem hölzernen Löffel ganz fein gerieben und mit den übrigen Zutaten verrührt. Dann rollt man den Teig ziemlich dünn aus, sticht Kuchen in vielen Figuren aus und backt sie bei mäßiger Hitze.

Eierplätzchen

250 g Mehl, 2 gestr. Teel. Backpulver, 200 g feinster Zucker, 1 P. Vanillinzucker, abgeriebene Schale einer halben Zitrone, 3 Eigelb, 125 g Butter oder Margarine, 50 g abgezogene, geriebene Mandeln; zum Verzieren: abgezogene, halbe Mandeln.

Alle Zutaten schnell zu einem Teig verkneten und mindestens 1 Std. kaltstellen. Danach messerrückendick ausrollen und kleine, runde Formen ausstechen. Die Plätzchen mit einer halben Mandel belegen. Bei 180 - 200°C 12-15 Minuten backen.

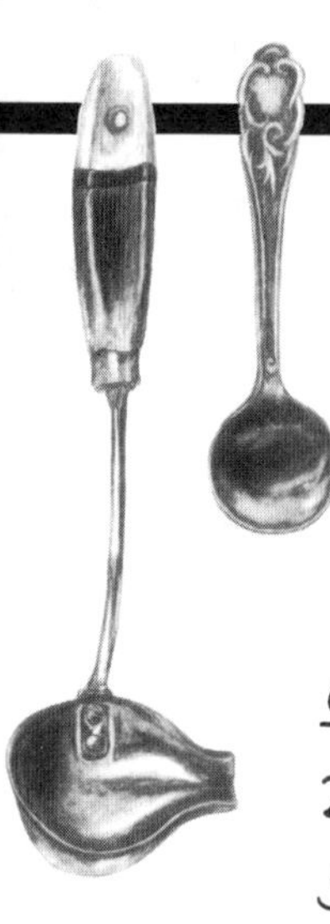

Eisbögen

250 g gesiebtes Mehl, 5 Eier, 200 g Zucker, Saft und Schale von einer Zitrone, 1 Messerspitze einer Muskatblüte, 70 g feingeschnittene Mandeln, Zucker, Zimt.

Eier, Zucker, Saft und Schale der Zitrone und Muskatblüte verrühren. Nach und nach Mehl unter die Masse geben und diese messerrückendick auf das Blech streichen. Darüber streut man ein Gemisch von Mandeln, Zucker und Zimt und backt den Teig langsam gelb. Wenn der Kuchen aus dem Ofen kommt, schneidet man ihn sofort in drei fingerbreite Streifen, die man fingerlang durchschneidet und schnell auf einem Rollholz zu Bögen formt.

Engadiner

350 g Mehl, 175 g Margarine, 150 g Zucker, 1 P. Vanillinzucker, 2 Eier, 1 Prise Salz, 125 g Haselnußkerne, 100 g Rosinen.

Alle Zutaten rasch zu einem Mürbeteig verkneten, Rollen von ca. 4 cm Ø formen und einfrieren oder 24 Stunden sehr kaltstellen. Dann in 1/2 cm dicke Scheibchen schneiden, diese auf ein gefettetes Backblech legen und in 15-20 Minuten bei 225°C hellbraun backen.

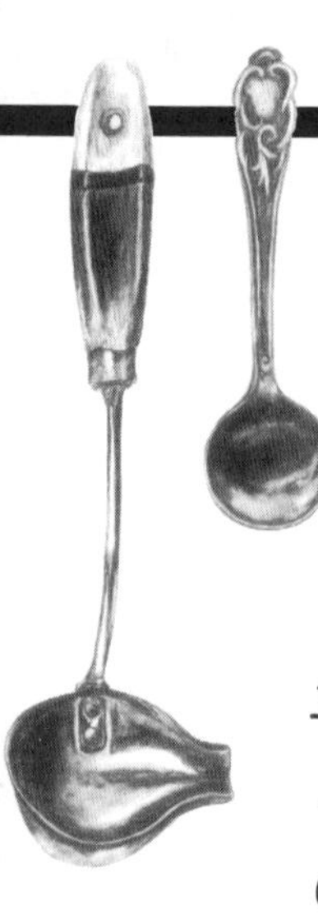

Erdnußbröckchen

1 Tafel Halbbitterschokolade, 1 Eßl. Rum, 100g ungesalzene Erdnüsse.

Die Schokolade im Wasserbad langsam zergehen lassen, Rum und Erdnußkerne unterrühren. Mit zwei Teelöffeln Makronen formen, auf geölte Alufolie setzen und bei Zimmertemperatur trocknen lassen.

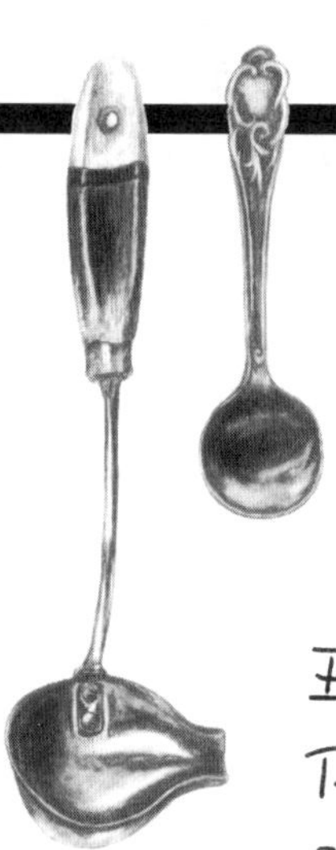

Florentiner Plätzchen

Teig: 150g Weizenmehl, 50g Zucker, 1 P. Vanillinzucker, 2 Eßl. Wasser, 65g Margarine. Belag: 50g Butter, 100g Zucker, 2 Eßl. Honig, 1/8 Liter Sahne, 100g gehobelte Mandeln, 100g gehobelte Haselnußkerne, 25g in Stücke geschnittene Belegkirschen. Guß: 75g Kuchenglasur.

Für den Teig das Mehl auf die Tischplatte sieben. In die Mitte eine Vertiefung eindrücken, Zucker, Vanillinzucker und Wasser hineingeben und mit einem Teil des Mehls zu einem dicken Brei verarbeiten. Darauf die in Stücke geschnittene kalte Margarine geben, sie mit Mehl bedecken und von der Mitte aus alle Zutaten schnell zu einem glatten Teig kneten. Sollte er kleben, ihn eine Zeitlang kaltstellen. Den Teig etwa 3mm dick ausrollen, runde Plätzchen

(etwa 5 cm Ø) ausstechen, auf ein gefettetes Backblech legen und hellgelb vorbacken, im vorgeheizten Ofen bei 175-200°C etwa 8 Minuten.
Für den Belag Butter, Zucker und Honig unter Rühren so lange erhitzen, bis die Masse leicht gebräunt ist. Die Sahne hinzufügen und rühren, bis der Zucker gelöst ist. Mandeln, Haselnußkerne und Belegkirschen dazugeben und so lange unter Rühren schwach kochen lassen, bis die Masse gebunden ist. Den Belag mit 2 Teelöffeln auf die vorgebackenen Plätzchen verteilen. Bei 175-200°C etwa 10 Minuten backen.
Für den Guß die Kuchenglasur nach der Vorschrift auf dem Beutel auflösen und die erkalteten Plätzchen auf der Unterseite damit bestreichen.

Florenzer Schnitten

75g Butter oder Margarine, 200g Zucker, 2 Eier 250g Mehl, 1 Teel. Backpulver, je 1 Teel. Nelken und Zimt, je 30g Zitronat und Orangeat, 75g Rosinen, 75g Haselnüsse, 75g bittere Schokolade 1-2 Eßl. Rum.

Zunächst wird ein Rührteig hergestellt und dann die übrigen Zutaten, zuletzt der Rum untergehoben. Die Masse wird auf ein gefettetes Backblech gestrichen. Nach dem Backen bei Mittelhitze (ca. 20 Minuten) wird sie in Teilchen geschnitten.

Französische Kolatschen

125 g Butter, 1 Ei, 70 g Zucker, 1/2 Tasse Rum, 200 g Mehl, Hagelzucker zum Bestreuen.
Aus Butter, Ei, Eigelb, Zucker, Rum und Mehl einen Teig kneten. Kleine Klößchen auf ein gefettetes Blech setzen. Mit Hagelzucker bestreuen und im mäßig heißem Rohr backen.

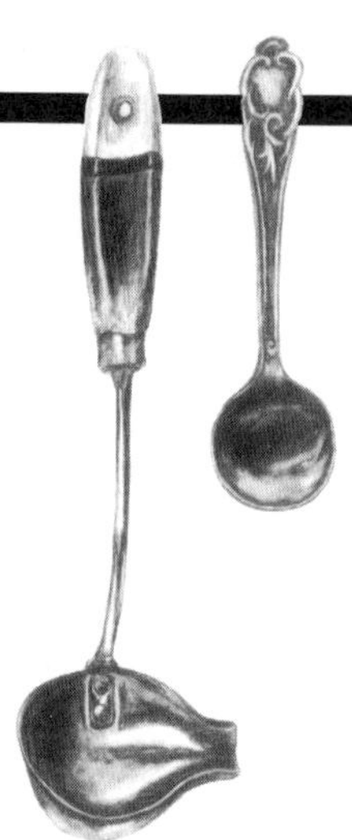

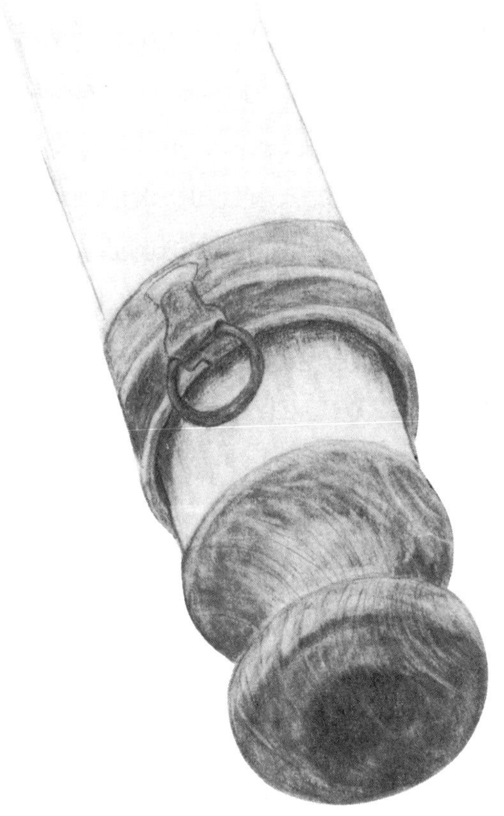

Friesenkeks

200 g Mehl, 1 Eigelb, 50 g Zucker, 1 P. Vanillinzucker, 125 g Butter oder Margarine, 1 Eiweiß, 50 g Mandeln, 50 g grober Zucker.

Butter oder Margarine schaumig rühren, löffelweise Zucker und Vanillinzucker dazurühren und das Eigelb dazugeben. Das Mehl sieben und nach und nach zu der Schaummasse rühren. Den Teig zum Schluß kneten, zu zwei Rollen von etwa 3 cm Ø formen, mit Eiweiß bestreichen, in gehackten Mandeln sowie grobem Zucker wenden. Die Rollen kaltstellen und fest werden lassen. Danach die Rollen vorsichtig mit einem scharfen Messer in 1/2 cm dicke Scheiben schneiden, auf ein ungefettetes Backblech legen und goldgelb ca. 8 Minuten backen.

Fruchtringe

250 g Mehl, 1 gestr. Teel. Backpulver, 125 g Butter oder Margarine, 70 g Zucker, 1 Ei, abgeriebene Schale einer Zitrone, 1 Prise Salz. Füllung: Gelee. Verzierung: Puderzucker.

Mehl und Backpulver werden vermischt auf ein Backblech gesiebt. In die Mitte wird eine Vertiefung gedrückt, in welche Zucker, Ei, Zitronenschale, Salz und das zerstückelte Fett gegeben werden. Dann wird alles verknetet und eine halbe Stunde lang ruhig gestellt. Nachdem der Teig dünn ausgerollt wurde, sticht man 50 % runde Plätzchen und 50 % Ringe aus, welche auf ein gefettetes Blech (auch mit Mehl bestäubt) gelegt werden. Nach ca. 8-10 Minuten backen bei 180-200°C und nach dem Abkühlen werden die Plätzchen mit Gelee bestrichen und die mit Puderzucker bestäubten Ringe werden darauf gesetzt.

Geleeringe

250 g Mehl, 1 gestr. Teel. Backpulver, 125 g Butter oder Margarine, 70 g Zucker, 1 Ei, abgeriebene Schale einer Zitrone, 1 Prise Salz; Füllung: Johannisbeer-, Himbeer- oder Orangengelee; zum Verzieren: Puderzucker.

Mehl und Backpulver mischen und auf ein Backbrett sieben. In die Mitte eine Vertiefung drücken, Zucker, Ei, Zitronenschale und Salz hinzugeben, zuletzt das in Stücke geschnittene Fett. Alle Zutaten gut miteinander verkneten und die Masse 1/2 Std. ruhen lassen. Danach den Teig dünn ausrollen, runde Plätzchen ausstechen - die Hälfte davon zu Ringen - und auf ein gefettetes, mit Mehl bestäubtes Backblech legen. Bei 180-200°C 8-10 Minuten backen. Nach dem Abkühlen die

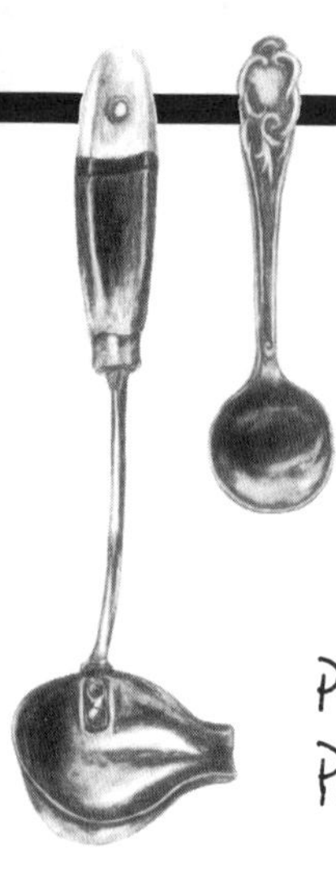

Plätzchen mit Gelee bestreichen und die mit Puderzucker bestäubten Ringe daraufsetzen.

Gesundheitsgebäck

100 g Butter, 100 g Zucker, 4 Eigelb, 4 Eßl. Milch, etwas Zitronenschale, 4 Eiweiß, 250 g Mehl, 1 P. Backpulver.

Butter und Zucker schaumig rühren, nach und nach Eigelb, Milch, Zitronenschale hinzufügen. Mehl und Backpulver mischen und mit dem Eischnee unter die Masse ziehen. Die Masse in eine gut ausgestreute Form füllen und 1/2 Std. im heißen Ofen backen.

Gewürzecken

Teig: 1 P. Gewürzkuchenmischung, 100 g Margarine, 2 Eier, 5 Eßl. Wasser. Füllung: 3-4 Eßl. Aprikosen-Konfitüre. Guß: Glasurmischung (aus der Packung), knapp 2 Eßl. warmes Wasser.
Den Teig nach der Vorschrift auf der Packung zubereiten und 1 cm dick auf ein gefettetes Backblech streichen. Vor den Teig einen mehrfach umgeknickten Streifen Alufolie legen. Bei 175-200°C 25-30 Minuten backen. Das erkaltete Gebäck waagerecht einmal durchschneiden und mit der Konfitüre füllen. Das Gebäck zunächst in Quadrate (5 x 5 cm) und dann in Dreiecke schneiden. Für den Guß die Glasurmischung mit dem Wasser glattrühren und das Gebäck damit bestreichen.

Gewürzplätzchen

Teig: 1 P. Gewürzkuchenmischung, 2 Eier, 100 g Margarine. Zum Garnieren: 1 P. Glasurmischung, knapp 2 Eßl. warmes Wasser; geviertelte Belegkirschen, halbierte Mandeln, Walnußkerne, Zuckerstreusel, Schokoladenstreusel oder Liebesperlen.

Für den Teig Backmischung, Eier und leicht erwärmte Margarine in eine Schüssel geben und zu einem glatten Teig verarbeiten. Mit 2 Teelöffeln haselnußgroße Häufchen auf ein gefettetes Blech setzen. Im vorgeheizten Ofen bei 175 - 200°C etwa 10 Minuten backen. Zum Garnieren die Glasurmischung mit dem Wasser glattrühren. Auf jedes erkaltete Plätzchen etwas von der Glasur geben und sie nach Belieben mit den angegebenen Zutaten garnieren.

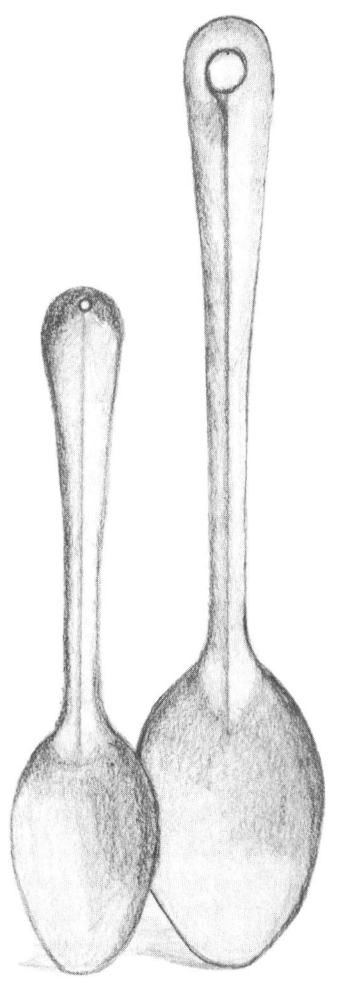

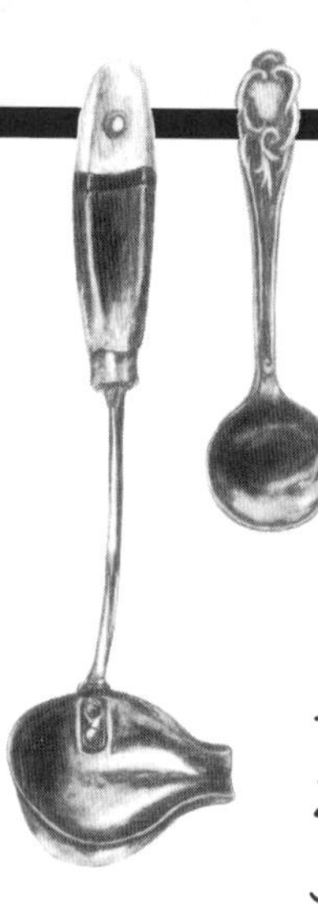

Gewürzplätzchen

250g Zucker, 4 große oder 6 kleine Eier, 250g Mehl, Schale einer halben Zitrone, 15g Zitronat, 2 g Nelken, 2 g Zimt, 2g Kardamon.

Eier, Zucker und Gewürze schaumig rühren, das Mehl dazugeben und mit zwei Teel. kleine Plätzchen auf ein gefettetes und gemehltes Backblech setzen und abbacken.

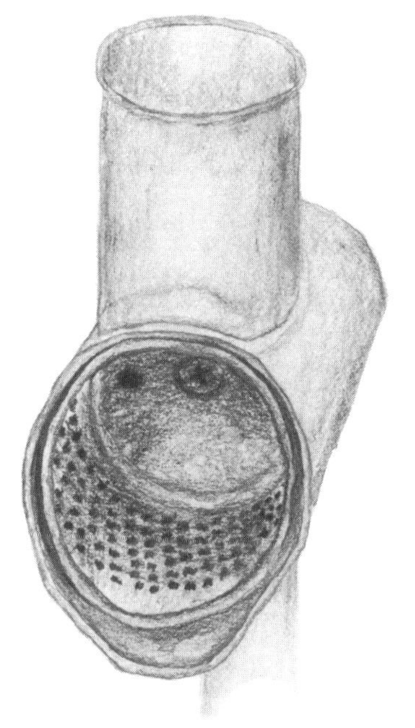

Hanseaten

250 g Mehl, 1 gestr. Teel. Backpulver, 65 g Zucker, 1 P. Vanillezucker, 1 Ei, 125 g Butter. Himbeerglasur: 200 g Puderzucker mit 2-3 Eßl. Himbeersaft- oder sirup gut verrühren. Rumglasur: 200g Puderzucker gut mit 2-3 Eßl. Rum verrühren.
Mehl mit Backpulver mischen und auf das Backbrett geben, in die Mitte eine Vertiefung machen und Zucker, Vanillezucker und Ei hineingeben, mit einem Teil des Mehls zu Brei vermischen. In Stücke geschnittenes Fett auf den Brei geben, alles zu einem geschmeidigen Teig verkneten. Den Teig 30-40 Minuten kühl ruhen lassen, auf bemehltem Brett etwa 4 mm dick ausrollen, runde Plätzchen ausstechen und backen. Diese etwas abkühlen lassen und dann mit Gelee zu Doppelplätzchen zusammensetzen, glasieren.
Backzeit: 8-12 Minuten bei 190-200°C.

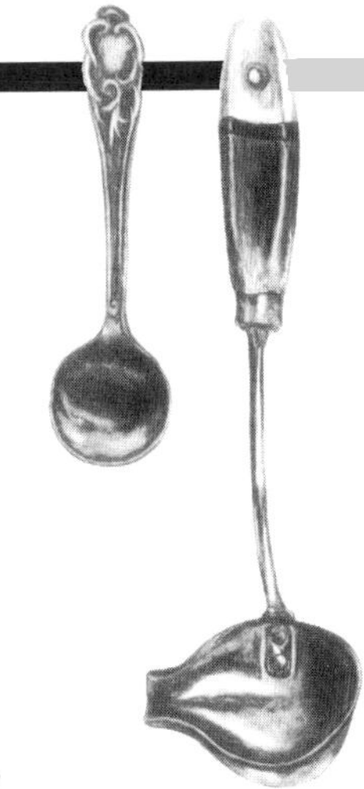

Haselnußplätzchen

250 g Butter, 350 g Zucker, 1 P. Vanillinzucker, 2 Eier, 250 g gemahlene Haselnüsse, 400 g Mehl, 2 gestr. Teel. Backpulver.
Aus den Zutaten einen Knetteig zubereiten. Daraus kleine Kugeln formen. In die Mitte einer Kugel jeweils eine ganze Nuß drücken und auf ein gefettetes Backblech legen. Hellbraun backen, bei 160° C ca. 20-25 Minuten.

Haferflockenmakronen

65 g Butter, 125 g Zucker, 1-2 Eier, Zitronensaft, 50 g Mehl, 250 g Haferflocken, 1 P. Backpulver
Butter, Zucker und Eier werden schaumig gerührt und mit den übrigen Zutaten vermengt. Man formt kleine Makronen, die bei mäßiger Hitze gebacken werden.

Haferflockenmakronen mit Kakao

200–250 g Margarine, 250 g Zucker, 2 Eier, 500 g Haferflocken, 100 g Kakao, 1 P. Backpulver, etwas Milch.

Die Margarine schaumig rühren, die übrigen Zutaten hinzufügen und das Eiweiß zum Schluß langsam unterrühren. Aus der Masse Kügelchen formen und backen.

– Rezept aus der Kriegszeit –

Haferflocken-Trüffel

3 Tassen gemahlene Haferflocken, 3 Tassen Puderzucker, 1½ Tassen Milchpulver, 1 Tasse Wasser, 6 Eßl. Kakao.

Kakao, Wasser und Milchpulver erwärmen und etwas abkühlen lassen. Die übrigen Zutaten unterrühren. Zu einer Wurst formen, in Stücke schneiden und 24 Stunden kühlstellen.

Haferflockenplätzchen

250 g Butter oder Margarine, 250 g Zucker, 1 Ei, 2 P. Vanillinzucker, 125 g Haferflocken, 125 g Kokosflocken, 125 g Mehl, 2 gestr. Teel. Backpulver.

Fett, Zucker, das Ei und Vanillinzucker zu einem Teig verarbeiten. Hafer- und Kokosflocken, Mehl und Backpulver mischen, unter den Teig rühren. Auf ein gefettetes Backblech mit 2 Teel. kleine Teighäufchen setzen. Sehr hell ca. 8-10 Minuten, bei 175-200° C backen.

Hausfreunde

250g feiner Zucker, 3 Eier, 200g gehackte Haselnußkerne, 50g gemahlene Haselnußkerne, 100g in Stückchen geschnittene Schokolade, 100g Sultaninen, 250g Mehl, 1/2 gestr. Teel. Backpulver.
Zum Bestreichen: Eigelb.
Zucker und Eier gründlich schaumig rühren, Nußkerne, Schokolade, Sultaninen, Mehl und Backpulver untermischen. Aus dem Teig 2-3 längliche Brote formen, mit Eigelb bestreichen und backen. Backen: 40-45 Minuten bei 175-190°C. Die Brote noch heiß in Scheiben schneiden.

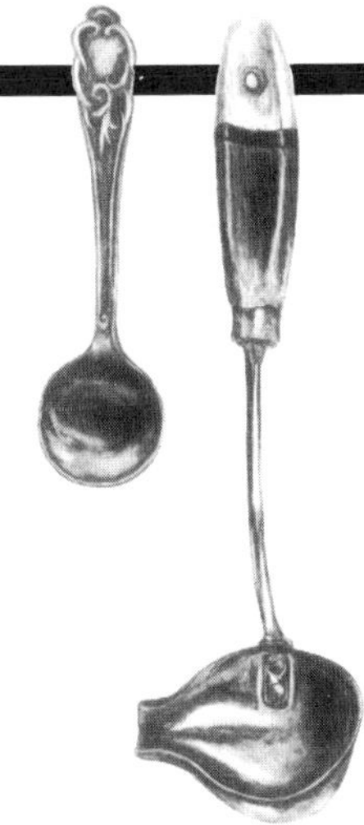

Haselnuß-Makronen

6 Eiweiß, 375 g Zucker, 375 g geriebene Haselnüsse, Oblaten.
Eiweiß steif schlagen und mit dem Zucker gut verrühren, dann Haselnüsse unterheben. Auf Oblaten setzen und bei 200° C ca. 10 Minuten backen.

Hedwigs Mürbeteigplätzchen

1/2 Pfund Butter, 1/2 Pfund Zucker, 3 Eigelb, 3 P. Vanillinzucker, 1 Pfund Mehl (sieben), 2 Teel. Backpulver, 1 Prise Salz, Saft 1 Zitrone, 1 Eßl. Korn.
Alles zu einem glatten Teig verarbeiten und eine Stunde kühlstellen. Dann ausrollen, ausstechen und backen.

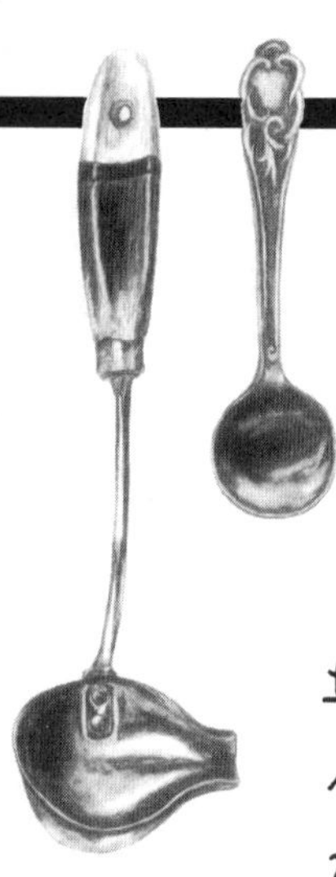

Heidesand

150 g Butter, 200 g Zucker, 1 P. Vanillinzucker,
250 g Mehl.

Das Fett zerlassen, stark bräunen und abkühlen lassen. Zucker und Vanillinzucker dazugeben und so lange rühren, bis die Masse weißschaumig ist. Nach und nach das gesiebte Mehl darunterrühren. Zum Schluß den Teig gut durchkneten. Aus dem Teig 4 Rollen von 2 1/2 cm Ø formen, einzeln in Pergamentpapier einwickeln und etwa 2 Stunden kühl ruhen lassen. Von den Rollen mit einem dünnen, scharfen Messer 1/2 cm dicke Scheiben schneiden, auf ein ungefettetes Blech legen und 15-20 Minuten backen.

Hefe-Püfferchen

500 g Mehl, 40 g Hefe, 3/8 l Milch, 2 Eßl. Zucker, 1-2 Eier, 1 Teel. Salz, 30 g Butter, 125 g Rosinen, abgeriebene Schale einer Zitrone.

Das Mehl in eine Schüssel geben, die mit lauwarmer Milch angerührte Hefe dazugeben und mit etwas Mehl vermengen. 15 Minuten gehen lassen. Dann die übrigen Zutaten hinzugeben. Gut verrühren und gründlich kneten, bis der Teig geschmeidig ist. Nochmals gehen lassen. In einer Pfanne das Fett erhitzen und kleine runde Kuchen darin backen. Noch heiß mit Zucker und Zimt bestreuen.

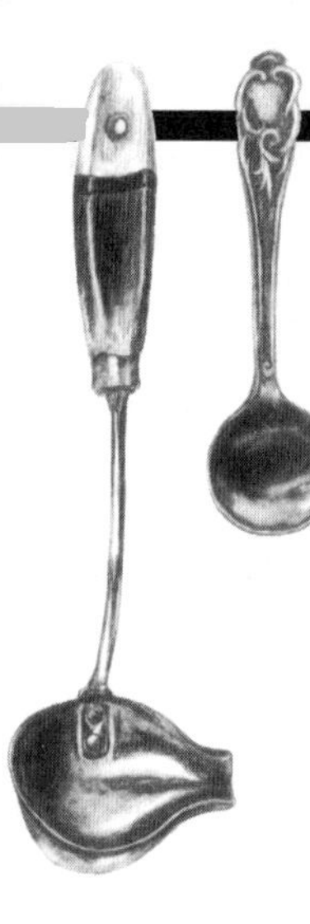

Hildatörtchen

500g Mehl, 250g feiner Grieszucker, Zitronenschale oder Vanillezucker, 250g Butter, 3 Eigelb, 1 ganzes Ei, zum Füllen Marmelade, Puderzucker zum Bestreuen.

Gebröselten Mürbeteig herstellen, kaltstellen. Messerrückendick ausrollen, runde, gezackte Plätzchen in 3 verschiedenen Größen ausstechen, kaltstellen. Bei Mittelhitze (ca. 190°C) hellgelb backen. Mit säuerlich schmeckenden Marmelade aufeinander setzen, gut mit Puderzucker bestäuben.

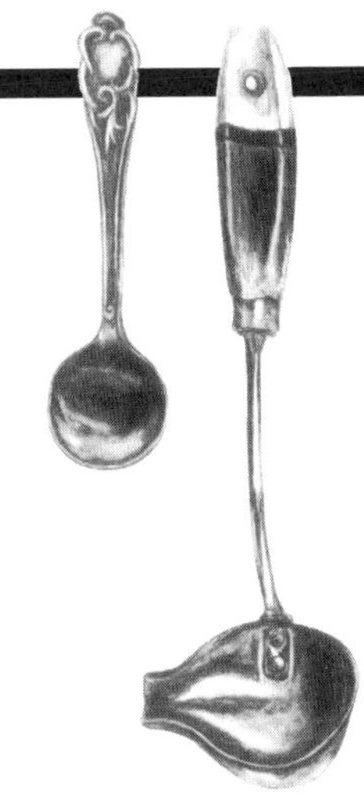

Hobelspäne

250 g Mehl, 125 g Zucker, 125 g Butter, 2 Eier.
Man stellt einen Mürbeteig her und rollt ihn dünn aus. Schneidet ihn in fingerbreite Streifen, rollt diese spiralförmig auf Blechzylinder, backt sie bei mittlerer Hitze hellbraun, streift sie ab und füllt sie mit Schlagsahne oder mit Vanillebuttercreme.

Husarenkrapfen

250g Butter, 125 g Zucker, 350g Mehl, 4 Eigelb, etwas Vanille.
Einen Rührteig herstellen. Aus dieser Masse formt man kleine Kugeln, in deren Mitte man eine Vertiefung drückt. Man bestreicht sie mit Eigelb, bestreut sie mit Zucker und gibt in die Vertiefung etwas Eingemachtes oder Rosinen.
Backzeit: 20-30 Minuten – Thermostat 3.

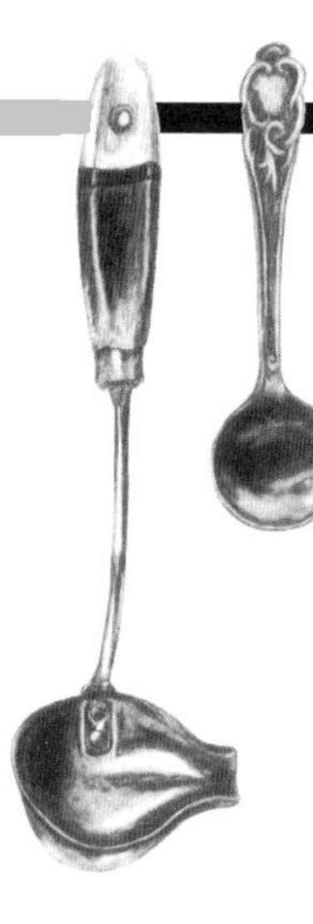

Husaren-Krapferl

Teig: 200 g Butter, 100 g Zucker, 2 Eigelb, 1 Prise Salz, das Innere einer Vanilleschote, 300 g Mehl, 80 g geriebene Haselnüsse. Zum Garnieren: 1/2 Tasse Puderzucker, 150 g Johannisbeergelee oder -marmelade.

Aus den Zutaten einen Mürbeteig herstellen. Den Teig in Alufolie wickeln und 2 Std. im Kühlschrank ruhen lassen. Den Backofen vorheizen auf 200°C. Aus dem Teig eine lange Rolle formen, gleichmäßige Scheiben davon abschneiden, diese zu Kugeln rollen und in jede Kugel mit dem Kochlöffelstiel eine kleine Vertiefung drücken. Die Krapferl auf ein Backblech legen und auf der mittleren Leiste 15-20 Minuten backen, auf einem Kuchengitter erkalten lassen, dann mit Puderzucker besieben. Die Marmelade erhitzen, glattrühren und die Vertiefung in den Krapferl damit füllen. Die Marmelade 1-2 Tage trocknen lassen, ehe die Krapferl in Dosen gefüllt werden.

Honigkuchen

3 Pfund Mehl, 1 Pfund Zucker, 1 Pfund Honig, 1 Eßl. Butter oder Schmalz, 10 g Zimt, 10 g Nelken, 10 g Cardamon, 4 Eier, 4 Teel. Hirschhornsalz. Mehl in eine Schüssel geben und in der Mitte eine Vertiefung machen. Zucker, Honig und Fett auf dem Herd auflösen, abkühlen lassen und in die Mitte des Mehles geben. Dazu Zimt, Nelken, Cardamon, Eier und Salz geben und von der Mitte aus den Teig anrühren und kneten. Den Teig 1/2-1 cm dick ausrollen und Formen ausstechen.

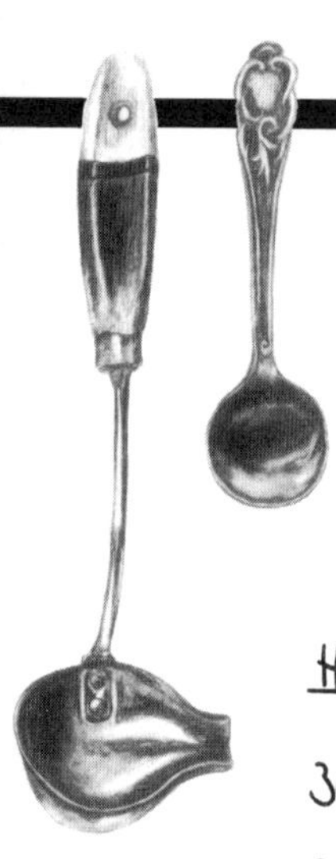

Holländisches Kaffeegebäck

300 g Butter oder Margarine, 100 g gesiebter Puderzucker, 1 P. Vanillinzucker, 2 Eier, Salz, abgeriebene Schale von 1 unbehandelten Zitrone, 400 g Weizenmehl, 1 gestr. Teel. Backpulver.

Für den Teig Fett schaumig rühren und nach und nach die Zitronenschale dazugeben. Das Mehl sieben, mit Backpulver mischen und eßlöffelweise unterrühren. Den Teig in einen Spritzbeutel mit Sterntülle füllen und in eng untereinanderliegenden Linien auf ein Backblech spritzen, so daß jeweils die Form eines langgezogenen Dreiecks entsteht. Bei 175-200° C etwa 15 Minuten backen. Die Hälfte der erkalteten Plätzchen mit etwa 100 g Kuvertüre und 20 g Kokosfett, das beides vorher aufgelöst und vermischt wurde, bestreichen (breite Seite nur).

Holländisches Spritzgebäck

150g Butter oder Margarine, 50g Puderzucker, 1 P. Vanillezucker, 1 Ei, 1 Prise Salz, etwas abgeriebene Zitronenschale, 200g Mehl, 1 gestr. Teel. Backpulver.

Das Fett schaumig rühren, nach und nach gesiebten Puderzucker, Vanillezucker, Ei und Salz zugeben, zuletzt das mit Backpulver gemischte Mehl. Den Teig mit einem Spritzbeutel in dichten Spiralen auf ein gefettetes Backblech spritzen.

Backen: 15-18 Minuten bei 180-200° C.

Eventuell das Gebäck nach dem Erkalten an einer Seite in geschmolzene Kuvertüre tauchen.

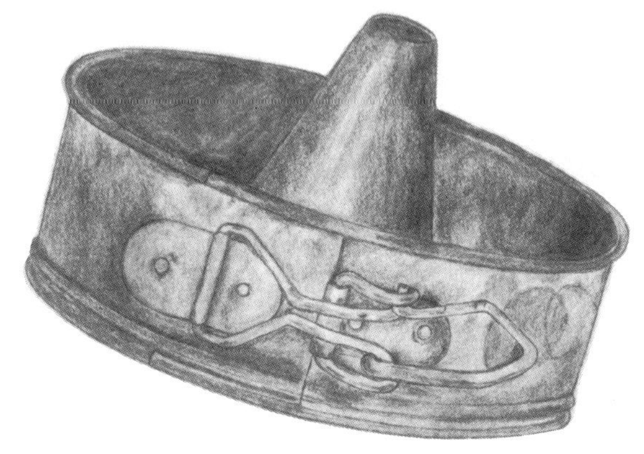

I J

Ingwergebäck

125 g Butter oder Margarine, 1 P. Vanillinzucker, 2 Teel. gemahlener Ingwer, 4 Eier, 250 g Weizenmehl, 1 gestr. Teel. Backpulver, 250 g geraspelte Schokolade, 200 g Rosinen, Belegkirschen, 150 g halbbittere Kuvertüre.

Das Fett schaumig rühren und nach und nach Zucker, Vanillinzucker, Ingwer und Eier hinzugeben. Das Mehl und das Backpulver mischen, sieben und mit der geraspelten Schokolade eßlöffelweise unterrühren. Die Rosinen kleinschneiden und unter den Teig heben. Den Teig auf ein gefettetes Blech streichen. Bei 175-200°C etwa 20-25 Minuten backen. Das erkaltete Gebäck in Quadrate (4x4cm) schneiden. Für den Guß Kuvertüre im Wasserbad auflösen und damit das Gebäck bestreichen, mit Belegkirschen belegen.

Javaplätzchen

200 g Mehl, 1 Teel. Backpulver, 1 Prise Salz, 100 g Zucker, 50 g brauner Zucker, 1 Eßl. Instant-Kaffee, 1 Ei, 125 g Kokosflocken, 150 g Margarine. Verzierung: 1 Eiweiß, 2 Eßl. Puderzucker, 100 g Mokkabohnen.

Aus den Zutaten einen Knetteig herstellen und kleine Kugeln daraus formen. Auf ein gefettetes Backblech setzen und etwas plattdrücken. Bei 180°C 20-25 Minuten backen. Nach dem Auskühlen das Eiweiß steif schlagen und Puderzucker unterrühren. Auf jedes Plätzchen eine Mokkabohne mit Zuckerguß setzen.

Je-länger-je-lieber-Kugeln

150 g Butter, 150 g Schweineschmalz, 150 g Zucker, 3 Eigelb, 450 g Mehl; 1 Eigelb, etwas Milch, 100 g gehackte Mandeln, 100 g rote Marmelade.

Fett mit Zucker und Eigelb schaumig rühren, das Mehl löffelweise dazugeben und unterrühren. Kleine Kugeln formen, in die Mitte eine Vertiefung eindrücken. Die Kugeln mit Eigelbmilch bestreichen, mit Mandeln bestreuen und mit Marmelade füllen. Auf ein gefettetes und bemehltes Backblech setzen und bei 180-190°C 15-20 Minuten backen.

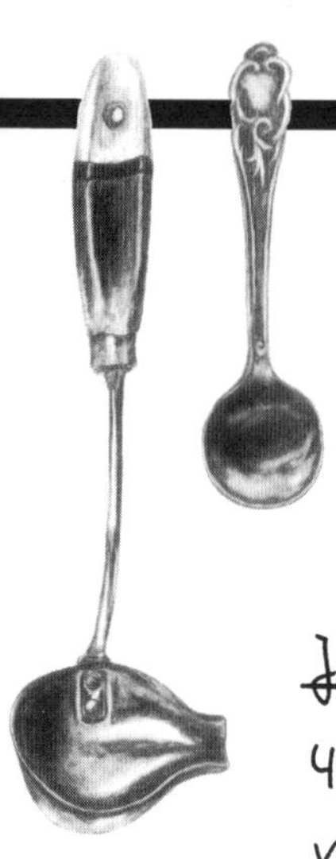

Jägerschnitten

4 Eier, 1/2 Pfund Zucker, 1/2 Pfund Mehl, 1 Handvoll Mandeln, 1 Teel. Backpulver.

Die Eier werden mit dem Zucker eine halbe Stunde gerührt, dann die geschälten, geschnittenen Mandeln, Backpulver und Mehl dazugemischt. Die Masse in einer gut vorgerichteten Rehrückenform drei Viertelstunden backen. Nach dem Erkalten schneidet man das Brot in gleichmäßige Scheiben und röstet sie in einem heißen Ofen.

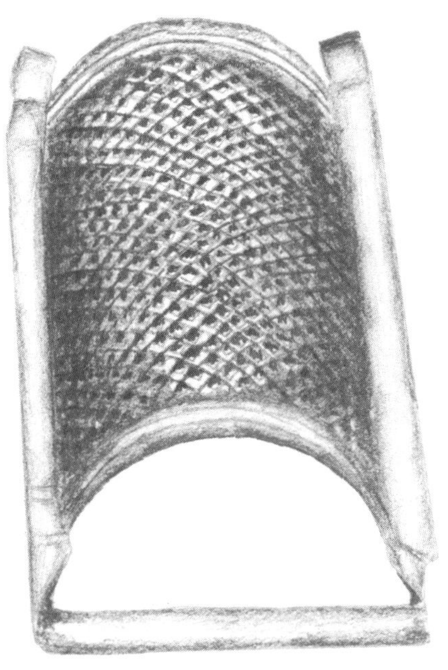

R

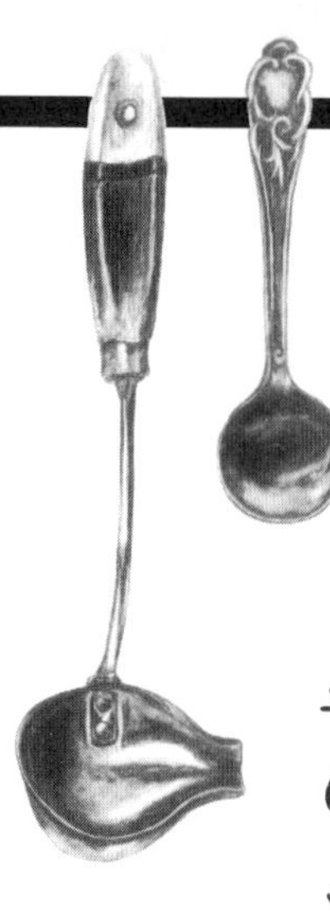

Kakes

65 g Butter, 65 g Zucker, 180 g Mehl, 1 Ei, 1 Messerspitze Backpulver, etwas Vanillinzucker.
Butter, Zucker und Ei schaumig rühren. Die übrigen Zutaten hinzugeben und zu einem Teig ausrollen. Mit einer Reibe ein Muster aufdrükken und kleine Kuchen ausstechen. Die Kakes auf ein gefettetes Backblech legen und hell backen.

Käsebiskuits

100 g Mehl, 1 1/2 Teel. Backpulver, 1/2 Teel. Salz, 1/2 Eßl. Butter, 3/8 Tassen Milch und Wasser zu gleichen Teilen, 1/2 Tasse geriebener Käse.
Aus den angegebenen Zutaten einen Teig kneten, auswellen und ausstechen. Zu schöner Farbe backen und heiß servieren.

Kapuzinerl

150 g gehackte Mandeln, 200 g Zucker, etwas Butter, 240 g zerlassene Schokolade, runde Oblaten.
Zucker und Mandeln in einer Pfanne goldgelb rösten. Die Masse wird auf einen gefetteten Teller gegeben und ausgekühlt. Dann wird sie mit der zerlassenen Schokolade vermischt und, so lange sie noch weich ist, in kleinen Häufchen auf die Oblaten gesetzt. Die Häufchen müssen nur trocknen.

Käsegebäck

250 g Butter, 250 g geriebener Gouda, 250 g Mehl.
Die Zutaten zu einem Knetteig verarbeiten. Aus dem noch weichen Teig kleine runde Plätzchen ausstechen. Sie werden mit Kondensmilch bestrichen und bei 200-220° gebacken.

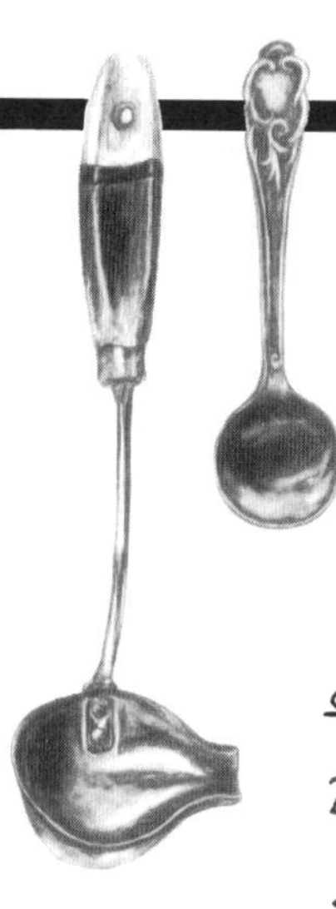

Käsekeks

250g Mehl, 1 Messerspitze Backpulver, 3 Eigelb, 2 Eßl. Milch, 150g Reibekäse, etwas Paprika und Salz, 125g Butter.

Mehl mit Backpulver sieben. In der Mitte eine Vertiefung machen und darin Eigelb, Milch, Reibekäse, Paprika und Salz verrühren und mit der Butter schnell zu einem geschmeidigen Teig verkneten. 30 Minuten kaltstellen, dann 1/2 cm dick auwrollen und zu Rechtecken rädeln. Bei mittlerer Hitze goldgelb backen.

Kaffee-Kringel

1 Pfund Mehl, 1/2 Pfund Zucker, 1/2 Pfund Butter, 1 Eigelb, 1 Ei, Dotter von 5 hartgekochten Eiern, etwas Arrak, Eiweiß, Zucker + feingeschnittene Mandeln.

Man rührt Mehl, Zucker, Butter, Eigelb, Ei, Eidotter und Arrak zu einem ziemlich steifen Teig. Diesen rollt man aus, formt Kringel davon und wälzt diese erst in Eiweiß, dann in Zucker und zuletzt in Mandeln. Die Kringel werden auf der Platte gebacken. Anstatt mit Arrak, kann man sie auch mit Rahm anrühren.

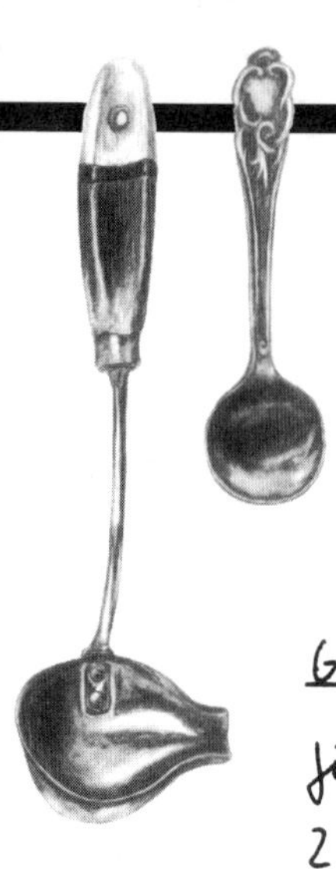

Gefüllte Käseplätzchen

Für den Teig: 125 g Mehl, 125 g geriebener Käse, 2 Eßl. saure Sahne, 80 g Butter oder Margarine, 1 Prise Salz, 1 Prise Paprika, für die Füllung: 50 g Butter oder Margarine, 50 g geriebener Käse, Paprika, Muskatnuß.

Das Mehl auf ein Backbrett sieben und den geriebenen Käse darüberstreuen. In die Mitte eine Vertiefung drücken und die saure Sahne hineingeben. Fett in Flöckchen darüber verteilen und Salz und Paprika darüberstreuen. Alle Zutaten rasch miteinander verkneten und den Teig kurze Zeit kühl ruhen lassen. Danach den Teig ausrollen, Plätzchen von 3 cm Ø ausstechen, auf ein ungefettetes Backblech legen und 8-15 Minuten backen. Zur Füllung das Fett schaumig rühren und mit Käse und

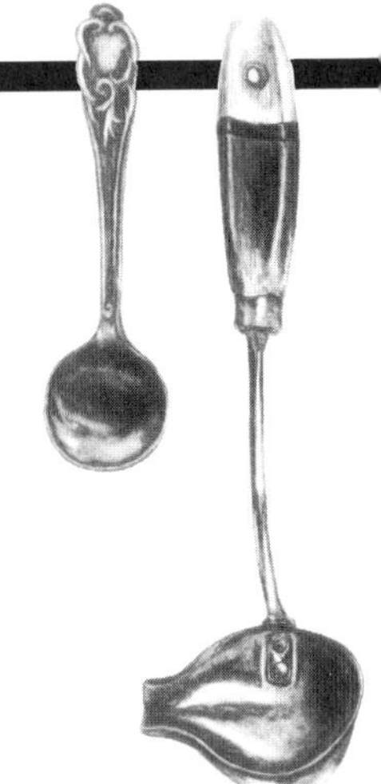

Gewürzen pikant abschmecken. Jeweils zwei Käseplätzchen mit Creme zusammensetzen.

Kaffeeringe

100g Butter, 100g Puderzucker, 100g Mehl, 100g geriebene Mandeln, 1 Eßl. Rum; für die Glasur 200g Puderzucker, 1 geh. Eßl. Pulverkaffee, 1 Schuß Rum, Schokoladenmokkabohnen zum Garnieren.
Einen Knetteig herstellen und eine Std. kühlstellen. Nicht zu dünn ausrollen. Ringe von ca. 6-7 cm Ø ausstechen. Auf ein Backblech legen und im vorgeheizten Backofen bei 170-180°C hellbraun backen. Für die Glasur die Zutaten glatt verrühren, Ringe damit bestreichen und mit Mokkabohnen verzieren.

Kartoffelhörnchen

125 g gekochte, geriebene Kartoffeln, 150 g Mehl, 40 g Zucker, 1/2 Ei, Vanille oder Zitrone, Bittermandelessenz, Salz, 1 P. Backpulver.

Aus den Zutaten einen Teig herstellen und auswellen. Mit einem Glas Böden ausstechen und oval auswellen. Mit zerlassener Butter bestreichen und mit Marmelade füllen. Zu Hörnchen drehen, mit Zucker bestreuen. 15 Minuten bei guter Hitze backen.

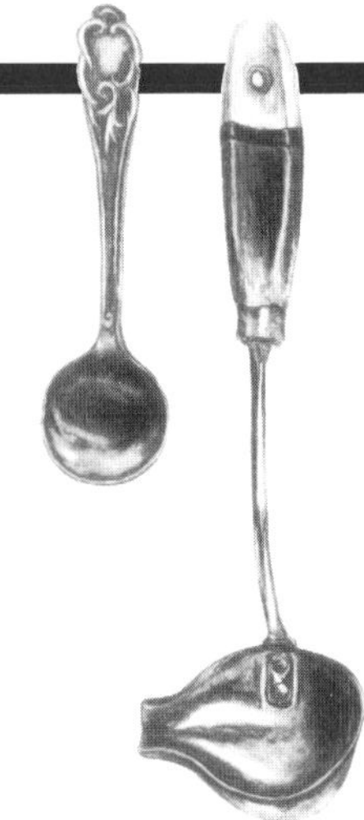

Kartoffelplätzchen

300 g Mehl, 1 P. Backpulver, 100 g Zucker, 2 Eier, 250 g Kartoffeln (am Vortag gekocht), 50 ml Milch, 50 g Butter.

Mehl mit Backpulver sieben und in einer Vertiefung in der Mitte Zucker und Ei schaumig rühren. (Etwas Eigelb zurückbehalten.) Die geschälten und durchgepreßten Kartoffeln und etwas Milch dazugeben und alles mit der Butter schnell verkneten. Den Teig dünn ausrollen, mit Förmchen ausstechen und eventuell mit dem Eigelb bestreichen. Bei 180 °C ca. 20 Minuten goldgelb backen.

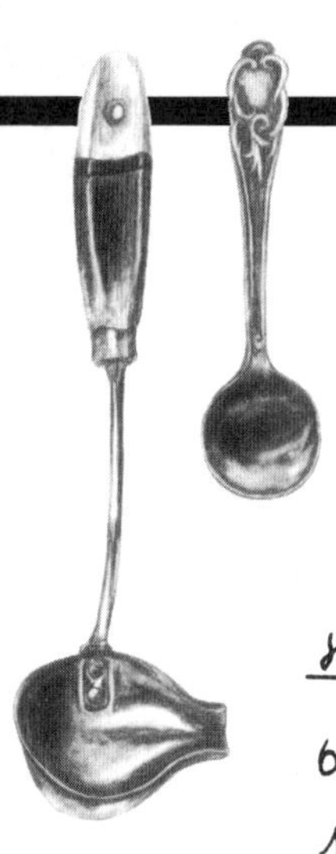

Keks

60 g Butter, 100 g Zucker, 2 Eier, 1 P. Vanillinzucker, 1 Teel. Hirschhornsalz, etwas Mehl.

Butter schaumig rühren, Zucker, Eier, Vanillinzucker, Salz hinzugeben und so viel Mehl, bis der Teig sich auskneten läßt. Dann den Teig ausrollen, mit einer Gabel oder Reibe verzieren, ausstechen und backen.

Kirschkugeln

200g kandierte Kirschen, 50g kandierter Ingwer, 100g getrocknete Aprikosen, 50g gemahlene Mandeln, 3 Gläschen Himbeergeist, Puderzucker, Schokoladenglasur.

Kirschen, Ingwer, Trockenaprikosen ganz fein hacken und mit gemahlenen Mandeln mischen. Himbeergeist darübergießen. 1 Std. zugedeckt ziehen lassen. Mit so viel gesiebtem Puderzucker vermischen, daß ein fester Teig entsteht und sich kleine Kugeln formen lassen. Schokoladenglasur im Wasserbad auflösen, die Kugeln zur Hälfte hineintauchen. Auf ein Kuchengitter zum Trocknen legen.

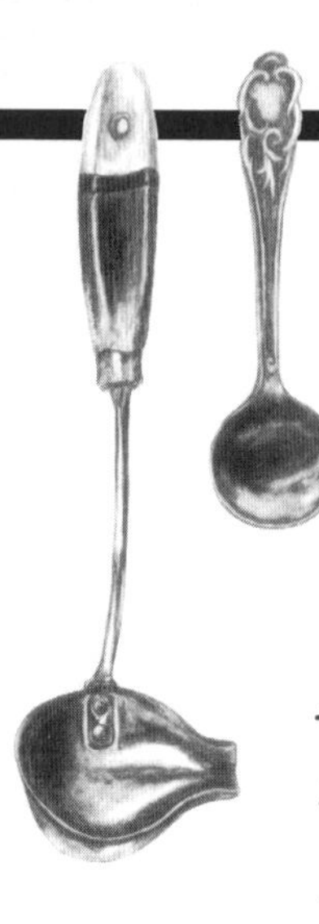

Kissinger Brötchen

Für den Teig: 150 g Mehl, 150 g geriebene Haselnüsse, 1 gestr. Teel. Backpulver, 150 g Zucker, 1 Prise Salz, 1/2 Teel. Zimt, 1 Ei, 100 g Margarine. Mehl zum Ausrollen. Margarine zum Einfetten. Für die Füllung: 220 g Aprikosenmarmelade. Für die Garnierung: 150 g Kuvertüre, 125 g geriebene Haselnüsse, 48 Walnußhälften (80 g).

Für den Teig Mehl, Haselnüsse, Backpulver in einer Schüssel mischen. In die Mitte eine Mulde drücken. Zucker, Salz, Zimt und Ei reingeben. Margarine in Flöckchen auf dem Mehlrand verteilen. Von außen nach innen schnell einen glatten Teig kneten. 30 Minuten zugedeckt im Kühlschrank kalt werden lassen. Mehl auf ein Backbrett oder eine andere Arbeitsfläche stäuben. Teig darauf etwa 1/2 cm dick ausrollen. Mit einem

Glas von ca. 3 cm Ø runde Plätzchen ausstechen. Backblech einfetten, mit Plätzchen belegen. In den vorgeheizten Ofen auf die obere Schiene schieben. Backzeit: 10 Minuten, bei 220°C.
Blech aus dem Ofen nehmen. Plätzchen vom Blech lösen und auf einem Kuchendraht abkühlen lassen. Aprikosenmarmelade in einer Schüssel glattrühren. Auf die Hälfte der Plätzchen verteilen. Mit je einem Plätzchen belegen. Für die Garnierung Kuvertüre im Wasserbad auflösen. Plätzchenränder damit bestreichen und in den geriebenen Haselnüssen rollen. Einen Tupfen Kuvertüre auf die Plätzchen geben und darauf eine Walnußhälfte drücken. Trocknen lassen.
Ergibt 48 Stück.

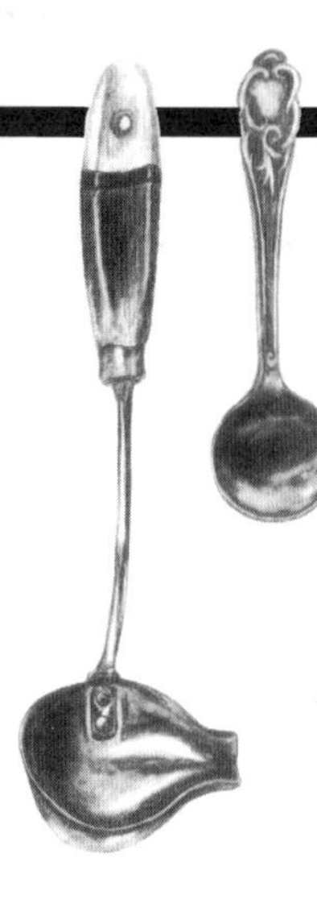

Kleine Kuchen

3/4 Pfund Mehl, 1/2 Pfund Butter, 1/4 Pfund Zucker, 3 Eßl. Wasser, Zimt.
Mehl wird mit Butter, Zucker, Wasser und Zimt gut vermischt. Dann sticht man den Teig mit beliebigen Förmchen aus und backt ihn.

Kokosberge

100 g Butter oder Margarine, 75 g Puderzucker, 2 Eigelb, 1 Teel. Orangenschale, 1/2 Teel. Ingwerpulver, 50 g Speisestärke, 125 g Kokosraspel, dunkle Kuchenglasur zum Garnieren.
Aus den Zutaten wird ein Teig geknetet und mit zwei Teel. werden kleine Häufchen auf ein gefettetes Backblech gesetzt. Bei 175°C im vorgeheizten Backofen 15-20 Minuten backen. Mit der Kuchenglasur verzieren.

Kokosmakronen

3 Eiweiß, 150 g weißer Zucker, 75 g Puderzucker, 2 P. Vanillinzucker, 200 g Kokosraspeln, 50 g gemahlene Mandeln.

Eiweiß sehr steif schlagen. Zucker, Puderzucker und Vanillinzucker nach und nach kurz unterschlagen. Kokosraspeln und gemahlene Mandeln mischen und vorsichtig unterheben. Mit 2 Teelöffeln kleine Häufchen auf ein mit Backpapier belegtes Backblech geben. Im vorgeheizten Backofen bei 200°C ca. 15 Minuten goldgelb backen.

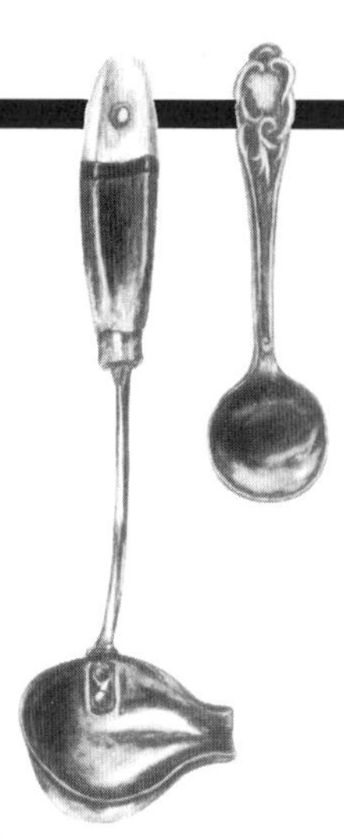

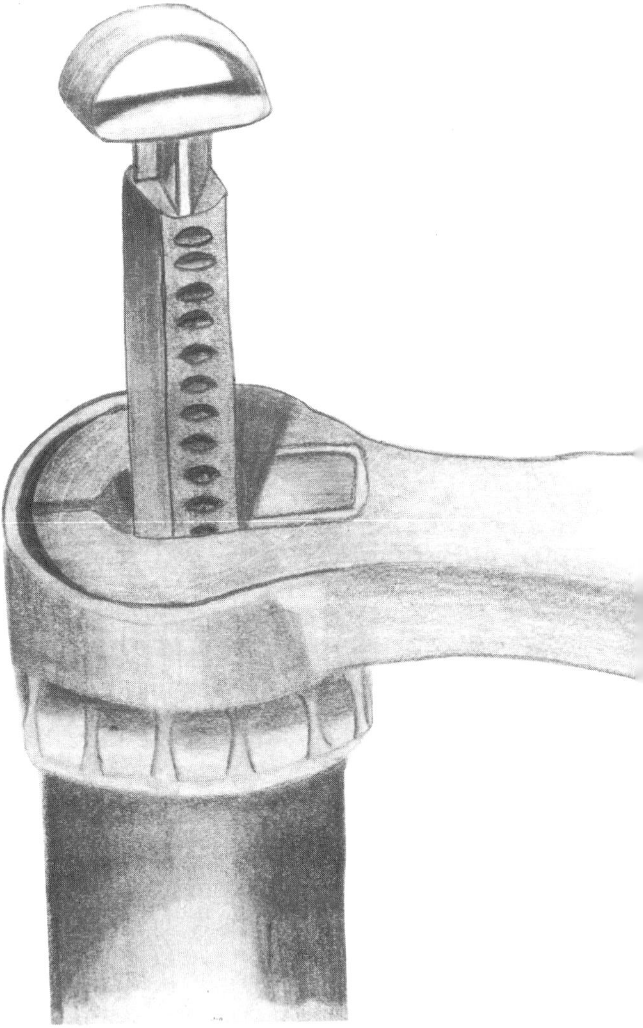

Kokosplätzchen

Teig: 250 g Weizenmehl, 1 gestr. Teel. Backpulver, 75 g Zucker, 1 P. Vanillinzucker, 2 Eigelb, 125 g Margarine. Belag: 3 Eiweiß, 100 g Zucker, 175 g Kokosraspeln, 3 Tropfen Bittermandelöl. Zum Bestreichen: 1 Eigelb, 1 Teel. Dosenmilch.
Für den Teig das mit Backin gemischte Mehl auf die Tischplatte sieben. In die Mitte eine Vertiefung drücken, Zucker, Vanillinzucker und Eigelb hineingeben und mit einem Teil des Mehls zu einem dicken Brei verarbeiten. Darauf die in Stücke geschnittene Margarine geben, sie mit Mehl bedecken und von der Mitte aus alle Zutaten schnell zu einem glatten Teig verkneten. Sollte er kleben, ihn eine Zeitlang kaltstellen. Den Teig dünn ausrollen, und mit zwei verschiedenen Größen Formen (Ø etwa 4,5 cm

und etwa 3 cm) ausstechen. Die größeren Plätzchen auf ein gefettetes Backblech legen.
Für den Belag das Eiweiß zu steifem Schnee schlagen. Er muß so fest sein, daß ein Messerschnitt sichtbar bleibt. Darunter eßlöffelweise den Zucker schlagen und zum Schluß die Kokosraspeln und das Backöl unterheben. Die Kokosmasse mit 2 Teelöffeln in Häufchen auf die Teigplätzchen geben, ein kleines Teigplätzchen schräg daran legen und es mit dem Guß bestreichen. Bei 175-200°C im vorgeheizten Ofen 10-15 Minuten backen.

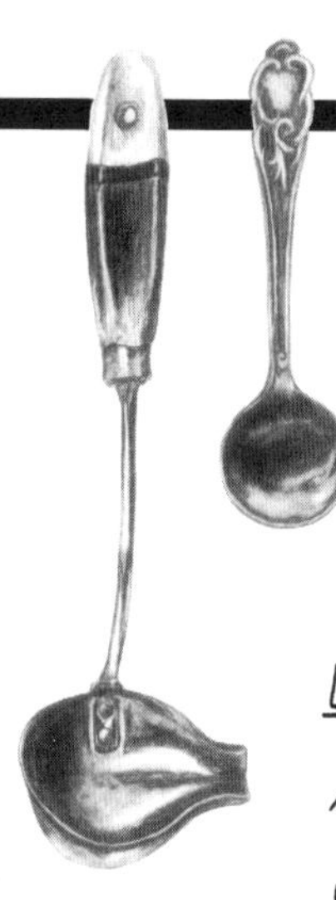

Lebkuchensterne

125 g Honig, 200 g Zucker, 4 Eßl. Milch, 150 g Sanella, 1 P. Vanillinzucker, 3 Tropfen Backöl Bittermandel, 1 gestr. Teel. Zimt, 400 g Weizenmehl, 20 g Kakao, 100 g Gustin, 1 P. Backpulver. Zum Verzieren: 200 g Zitronen-Glasur, etwa 2 Eßl. Wasser.

Honig, Zucker, Milch und Fett langsam erwärmen, zerlassen, in eine Rührschüssel geben und kaltstellen. Unter die fast erkaltete Masse nach und nach die Gewürze und 2/3 des mit Kakao, Gustin und Backpulver gemischten und gesiebten Mehls rühren. Den Rest des Mehls darunter kneten. Sollte der Teig kleben, noch etwas Mehl hinzugeben. Den Teig etwa 1/2 cm dick ausrollen, Sterne ausstechen und auf ein gefettetes Blech legen. Zum Aufhängen jeweils in einer Sternspitze ein kleines Loch ausstechen. Im vorgeheizten Backofen 10-15 Minuten bei 175-200°C backen. Zum Verzieren die Glasurmischung mit so viel Wasser verrühren, daß eine spritzfähige Masse entsteht. Mit Hilfe eines Pergamentpapiertütchens die Sterne mit dem Guß verzieren und sie nach Belieben an Kordeln aufhängen.

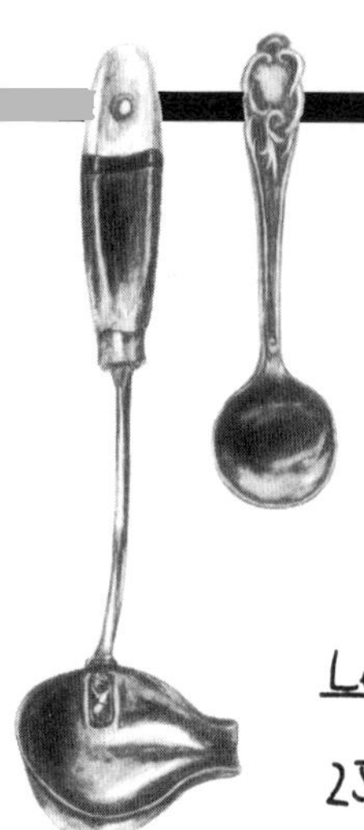

Lebkuchen-Streifen

250 g dunkler Zuckerrübensirup, 100 g Zucker, 100 g entsteinte Datteln, 100 g Korinthen, 50 g Kokosraspeln, 500 g Mehl, 50 g gehackte Mandeln, abgeriebene Schale einer Orange, 1 Messerspitze gemahlene Nelken, 1 Messerspitze gemahlener Ingwer, 1 Messerspitze gemahlener Kardamom, ½ Teel. Zimt, 1 Prise weißer Pfeffer, 2 Teel. Backpulver, 2 Eier, 4 Eßl. Milch. Belag: 3 Eßl. Kokosraspeln, 1 Eßl. Zucker, 150 g Puderzucker, 2 Eßl. Rum oder Zitronensaft.

Sirup und Zucker erwärmen, bis sich der Zucker gelöst hat. Datteln in Streifen schneiden. Korinthen waschen und trocknen. Datteln, Korinthen, Kokosraspeln, Mehl, Mandeln, Gewürze und Backpulver vermischen. Noch warme Sirup-Mischung, Eier, Milch hinzufügen und verkneten. Teig

auf einem gefetteten Backblech ausrollen und im vorgeheizten Backofen bei 150°C ca. 25 Minuten backen. Für den Belag Kokosraspeln und Zucker in einer Pfanne ohne Fett goldgelb rösten. Puderzucker und Rum bzw. Zitronensaft verrühren und den noch warmen Kuchen damit bestreichen. Mit den gerösteten Raspeln bestreuen. In ca. 40 Streifen schneiden. Der beste Geschmack wird durch einwöchige Lagerung in einer Blechdose erreicht.

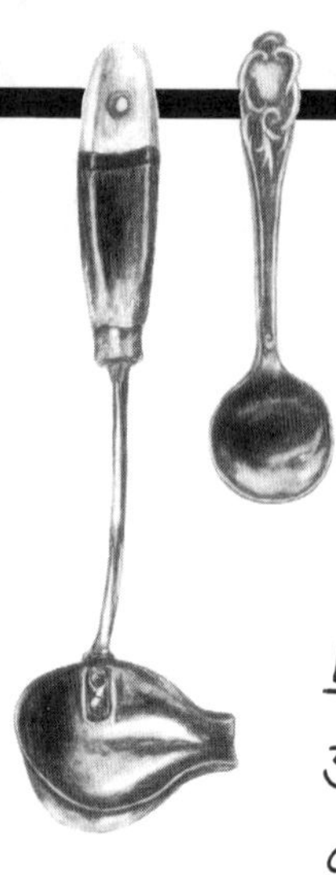

Linzer Sternchen

375g Mehl, 250g feinster Zucker, 250g geschälte, geriebene Mandeln, 250g Butter oder Margarine, abgeriebene Schale einer Zitrone, 1 P. Vanillinzucker, 1 Prise Salz, 2 Eier; zum Bestreichen: Eiweiß; zum Bestreuen: Hagelzucker; Füllung: rote Marmelade.

Mehl auf ein Backbrett sieben, in die Mitte eine Vertiefung drücken, Zucker, Eier und Gewürze hineingeben, darauf das in Stückchen geschnittene Fett und Mandeln geben. Alle Zutaten von der Mitte aus zu einem glatten Teig verkneten und 1 Std. kaltstellen. Anschließend den Teig etwa 4 mm dick ausrollen. Danach aus dem Teig kleine Sternchen ausstechen; von der Hälfte der Menge in der Mitte ein Loch ausstechen. Backen: 8–12 Minuten bei 180–200°C.

Nach dem Backen die Sterne mit der Öffnung mit gesiebtem Puderzucker bestreuen, die anderen mit Marmelade bestreichen und beide Teile aufeinandersetzen.

Linzer Plätzchen

150g Butter, 100g Zucker, 50g geriebene Mandeln oder Nüsse, 250g Mehl, 1/2 Teel. Backpulver, ganze Mandeln oder Nüsse zum Verzieren.

Aus den Zutaten einen Teig herstellen und zu Kugeln formen. Die Kugeln in Zucker wälzen und mit einer Nuß oder Mandel belegen. Die Plätzchen werden hell gebacken.

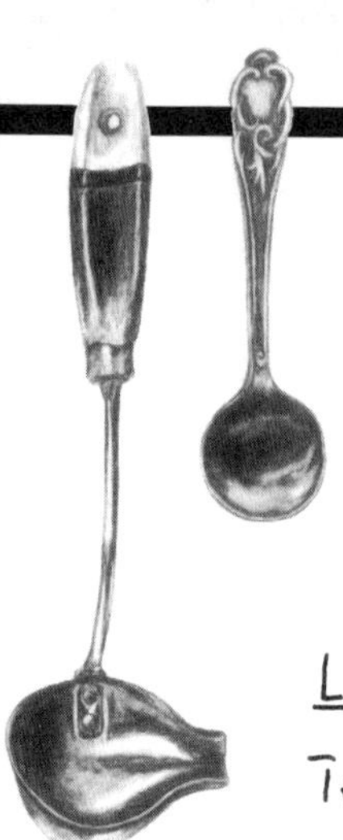

Linzer Spritzgebäck

Teig: 200g Margarine, 100g Puderzucker, 2 P. Vanillinzucker, 3 Eigelb, 1 Eßl. Zitronensaft, 300g Weizenmehl. Guß: 60g dunkle Kuchenglasur.

Für den Teig das Fett schaumig rühren und nach und nach den gesiebten Puderzucker, den Vanillinzucker, das Eigelb und den Zitronensaft hinzugeben. Das gesiebte Mehl eßlöffelweise unterrühren. Den Teig in einen Spritzbeutel (mit gezackter Tülle) füllen und in verschiedenen Formen (Kränze, Stangen, S-Formen, Schleifen, Tuffs) auf ein Backblech spritzen. Im vorgeheizten Ofen bei 175-200°C 8-10 Minuten backen. Für den Guß die Kuchenglasur nach der Vorschrift auf dem Beutel auflösen und die erkalteten Plätzchen damit bestreichen.

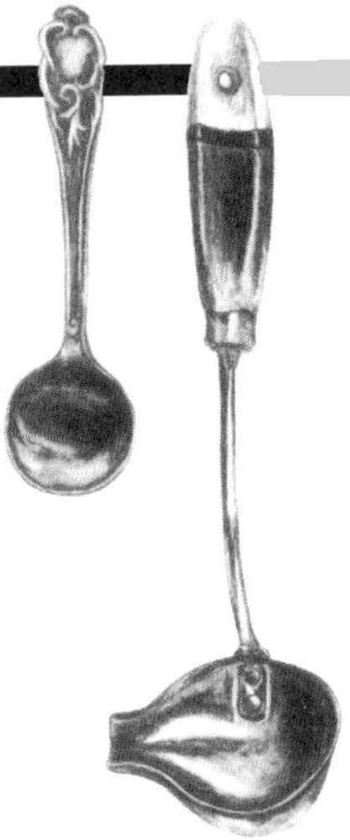

Linzer Törtchen

375g Mehl, 250g feinster Zucker, 250g geschälte, geriebene Mandeln, 250g Butter oder Margarine, abgeriebene Schale einer Zitrone, 1 P. Vanillinzucker, 1 Prise Salz, 2 Eier; zum Bestreichen: Eiweiß; zum Bestreuen: Hagelzucker; Füllung: rote Marmelade.

Mehl auf ein Backbrett sieben, in die Mitte eine Vertiefung drücken, Zucker, Eier und Gewürze hineingeben, darauf das in Stückchen geschnittene Fett und die Mandeln geben. Alle Zutaten von der Mitte aus zu einem glatten Teig verkneten und 1 Std. kaltstellen. Anschließend den Teig etwa 4 mm dick ausrollen. Von der Hälfte runde Plätzchen, vom restlichen Teig Ringe ausstechen. Die Ringe mit Eiweiß bestreuen. Plätzchen und Ringe

goldgelb backen. Backen: 8-12 Minuten bei 180-200°C. Anschließend die Plätzchen mit Marmelade bestreichen und die Ringe daraufsetzen.

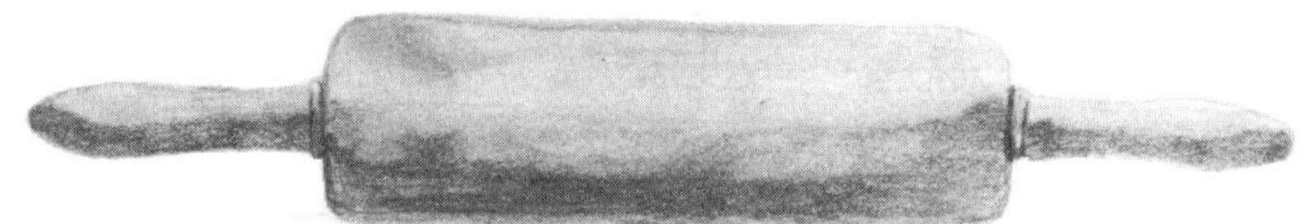

Mailänder Kekse

125 g Mandeln, 350 g Mehl, 250 g Zucker, 250 g Butter oder Margarine, 1 Schale von 1/2 Apfelsine, 1 Prise Zimt, 1 Eigelb, 1 Eßl. Dosenmilch, ca. 125 g Mandeln.

Die Mandeln abziehen und mahlen. Das Mehl auf ein Backbrett sieben, Zucker darüberstreuen und Fett in Flöckchen darüber verteilen. Abgeriebene Apfelsinenschale, Zimt und die Mandeln dazugeben und alles rasch verkneten. Den Teig 30 Minuten kühl ruhen lassen, ausrollen und runde Plätzchen von etwa 4 cm Ø ausstechen. Eigelb und Dosenmilch miteinander verrühren, die Kekse dünn damit bestreichen und mit abgezogenen, halbierten Mandeln belegen, die Mailänder Kekse 8-15 Minuten goldgelb backen.

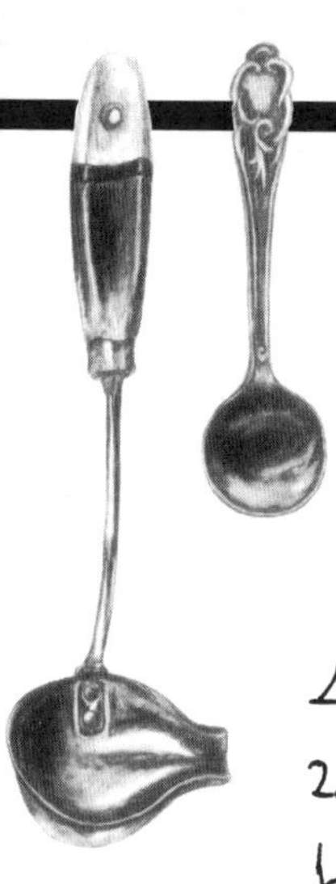

Mailänderli

250 g Butter, 250 g Zucker, 500 g Mehl, 4 Eier, die feingeriebene Schale von 1 Zitrone, 2 Eigelb zum Bestreichen.

Die Butter wird schaumig gerührt. Zucker, Eier und Zitronenschale werden dazugegeben und zuletzt das Mehl hineingearbeitet. Der Teig wird gut geknetet, 1/2 cm dick ausgerollt, dann werden Förmchen ausgestochen, die auf ein gut gefettetes Blech gelegt werden. Man läßt sie einige Stunden liegen, bestreicht sie dann mit Eigelb und backt sie in mäßiger Hitze goldgelb.

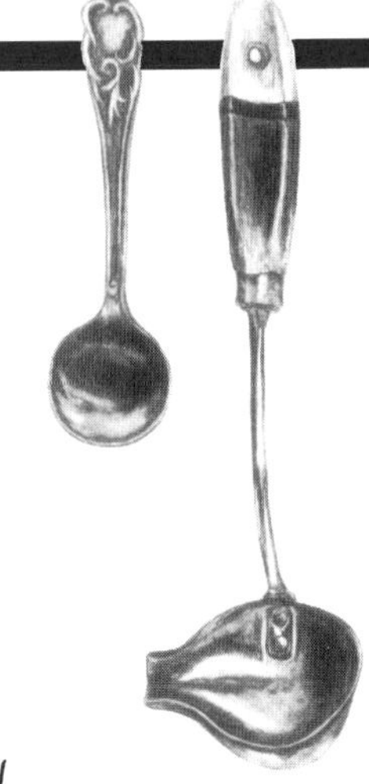

Magdalenbaisers

2 Eier, 120 g Zucker, 120 g Mehl, 120 g Butter. Eier und Zucker schaumig rühren. Mit Mehl und geschmolzener Butter vermengen. In den Spritzbeutel gefüllt, kleine runde Plätzchen auf ein gefettetes und mit Mehl bestäubtes Blech spritzen. Im heißen Rohr hellgelb backen.

Mandelbrezeln

65 g Butter, 40 g Zucker, 1 Eigelb, 40 g Mandeln, 1 Prise Zimt, 2 Eßl. Wein, 1 Eßl. Milch, 125 g Mehl. Butter, Zucker und Eigelb schaumig rühren, mit den übrigen Zutaten zu einem festen Teig verarbeiten. Den Teig ausrollen, in Streifen schneiden und zu Brezeln formen. Diese mit Eigelb bestreichen und mit Mandeln bestreuen.

Mandelbrot

500 g geriebene und ganze Mandeln (Hälfte, Hälfte), 150 g Butter, 150 g Schokolade, 4 Teel. Hirschhornsalz, 4 Eßl. kaltes Wasser, 8 Eier, 500 g feiner Zucker, 750 g Mehl, 10 g Zimt, 10 g feine Nelken. Butter, Zucker und Eier schaumig rühren, Mehl, Gewürze und in Wasser aufgelöstes Hirschhornsalz dazugeben. Die anderen Zutaten hinzufügen und kräftig durchkneten. Die Masse zu Broten formen und diese langsam backen. Erkaltet in Scheiben schneiden und mit Kuvertüre überziehen.

Mandelmürbchen

125 g Margarine, 125 g Puderzucker, 2 P. Vanillinzucker, 1 Prise Salz, 100 g Mehl, 100 g Blütenzarte Köllnflocken, 100 g gemahlene Mandeln. Zum Garnieren: 100 g abgezogene Mandeln, 1/2 Tasse Milch.

Margarine, Puderzucker, Vanillinzucker und Salz schaumig rühren. Mehl, Flocken und die Mandeln unterrühren, alles zu einem glatten Teig verkneten. Auf der bemehlten Arbeitsfläche aus dem Teig 2 Rollen formen. Jede Rolle in 20 oder 30 Scheiben schneiden. Aus den Scheiben Kugeln formen. Das Backblech mit Backpapier auslegen und die Kugeln daraufsetzen. Für die Garnierung die Mandeln in die Milch tauchen und in die Mitte eines jeden Plätzchens drücken. Im vorgeheizten Backofen auf der 2.

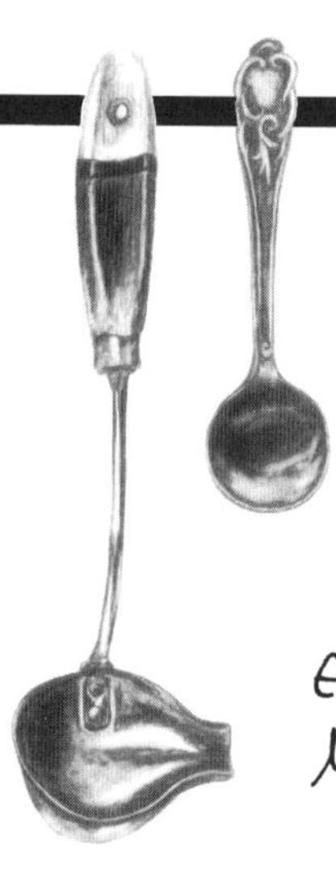

Einschubleiste von oben bei 175°C ca. 12-15 Minuten zu schöner Farbe backen.

Mandelmakronen

2 Eiweiß, 100g Zucker, 125g Mandeln, Oblaten.
Eiweiß, Zucker und Mandeln zu einem Teig vermengen. Teig in einen Spritzbeutel füllen und auf Oblaten setzen. Diese über Nacht stehen lassen. Backzeit: 10 Minuten bei 150°C auf oberer Schiene.

Mandelnüsse

35 g Butter, 125 g feiner Zucker, 1 Ei, 1/4 abgeriebene Zitronenschale, 125 g Mehl, 40 g geriebene Mandeln, 10 g Mandelstifte zum Spicken.
Die Butter cremig schlagen, Zucker und Ei hinzufügen. Gewürze, Mandeln und Mehl zugeben und aus der Masse kleine Kugeln formen, mit Mandelstiften spicken und gut mit Mehl bestäuben und im Ofen goldgelb backen.

Mandelschnitten

250 g Butter, 250 g Zucker, 2 Eier, 250 g Mehl, 250 g Mandeln, 1/2 Zitronenschale.
Butter, Zucker und Eier schaumig rühren. Die restlichen Zutaten untermischen. Den Teig auf ein gefettetes Backblech streichen und nach dem Backen in beliebige Stücke schneiden.

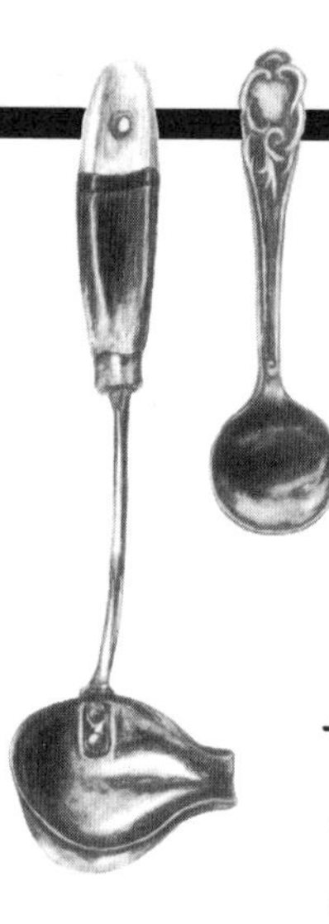

Mandelprinten

500 g Mandeln, 500 g Zucker, 65 g Mehl, 1 Eigelb, etwas Rosenwasser.

Die Mandeln werden fein gerieben und mit der Hälfte des Zuckers hellgelb geröstet, mit den übrigen Zutaten lange geknetet (wenn notwendig, 2 Eßl. Rosenwasser zugeben). Dann wird die Masse in Förmchen gedrückt und bei mäßiger Hitze gebacken. Nach dem Erkalten Formen mit Puderzucker bestäuben.

Mandelstäbchen

100 g gewürfeltes Orangeat, 100 g abgezogene, gemahlene Mandeln, 50 g Puderzucker, 1 Eiweiß, 2 Tropfen Backöl Bittermandel, etwas Puderzucker, 30 g Kuvertüre, etwas Kokosfett.

Das Orangeat feinhacken, mit den Mandeln, Puderzucker, Eiweiß und Backöl in einem Topf unter Rühren so lange erhitzen, bis die Masse glänzend ist, dann abkühlen lassen. Etwas Puderzucker auf die Tischplatte sieben, darauf aus dem Teig 2–3 Rollen formen. Von diesen gleichmäßige Stücke abschneiden, diese zu etwa 5 cm langen bleistiftdünnen Stäbchen formen. Für den Guß die Kuvertüre mit Kokosfett im Wasserbad erhitzen, die Enden der Stäbchen hineintauchen und auf Pergamentpapier trocknen lassen.

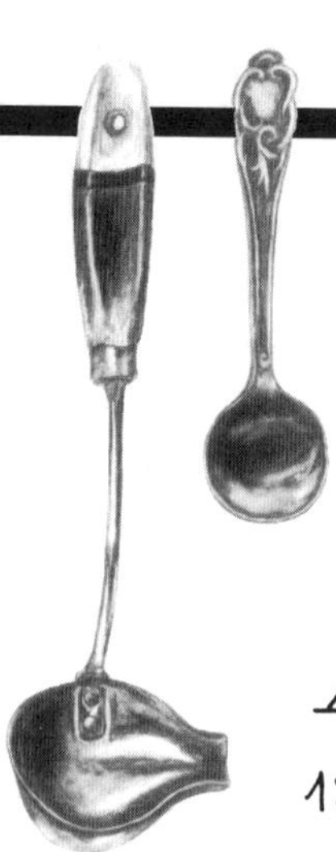

Mandelstangen

125 g Butter oder Margarine, 200 g Zucker, 5 Eier, 250 g Mehl, 200 g Mandeln, abgeriebene Schale 1 Zitrone.

Fett schaumig rühren, Zucker, 4 ganze Eier und das Eiweiß des 5. kräftig rühren. Mehl und Mandeln daruntermischen und den Teig auf einem gefetteten Backblech etwa 1 cm dick ausrollen. Bei mäßiger Hitze backen. Ist der Teig oben trocken und unten gelb, aus dem Ofen nehmen und auf dem Blech in fingerlange Stücke schneiden. Diese Streifen mit Eigelb bestreichen, ins heiße Backrohr schieben und knusprig backen.

Mandel-Ananas-Makronen

3 Eiweiß, 375 g ungeschälte, gemahlene Mandeln, 3 Scheiben feingeschnittene Ananas, 150 g Zucker, 1 Eßl. Ananassaft, Guß: 150 g Puderzucker, 3 Eßl. Ananassaft.

Eiweiß steif schlagen, Mandeln und Ananas unterrühren, Zucker und Saft dazugeben. Als kleine Häufchen auf Oblaten setzen und in den Backofen schieben. Ca. 40-45 Minuten bei 150° C auf der 2. Schiene von unten backen. Die noch heißen Plätzchen mit dem Guß bestreichen.

Mandel-Grieß-Plätzchen

250 g Mandeln, 3 Eiweiß, 250 g Zucker, Saft einer halben Zitrone, 75 g Grieß, etwas Zitronat.

Mandeln brühen, abziehen und reiben. Eiweiß steif schlagen, mit Zucker, Zitronensaft und Grieß 20 Minuten rühren. Die geriebenen Mandeln darunterziehen und von dem Teig mit zwei Teelöffeln auf ein gefettetes Backblech kleine Häufchen setzen. Über Kreuz mit schmal geschnittenen Zitronenstreifchen belegen und bei guter Hitze etwa 15 Minuten backen.

Mandel-Schoko-Plätzchen

100g Butter, 100 g Zucker, 1 P. Vanillinzucker, 1 Ei, 1 Prise Salz, 50 g Mandelblättchen, 100 g Mehl, 100 g kleine Schokoladenplätzchen, 75 g Haferflocken.

Butter, Zucker, Vanillinzucker, Ei, Salz, Mandelblättchen, Mehl und Haferflocken zu einem Teig verkneten. Die Schokoladenplätzchen hinzufügen und ebenfalls einkneten. Auf dem mit Backpapier ausgelegten Blech mit einem Löffel 3-4 cm große Teighäufchen verteilen.

Backzeit: 10-15 Minuten bei 200°C auf mittlerer Schiene.

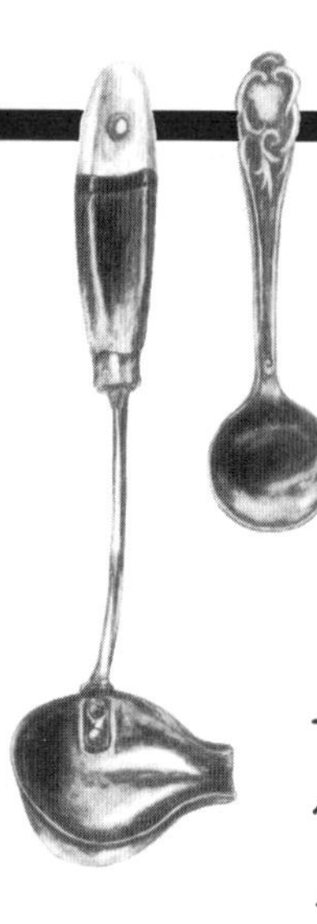

Margarethen - Plätzchen

100 g Butter, 100 g Zucker, 1 P. Vanillinzucker, 1 Prise Salz, 1 Ei, 2 Eßl. Wasser, 150 g Weizenmehl, 3 g Backpulver, 50 g Schokolade.

Das Fett wird schaumig gerührt. Hierbei wird nach und nach Zucker, Vanillinzucker, Salz und Wasser hinzugegeben. Das mit dem Backpulver vermischte Mehl wird löffelweise untergerührt. Die in kleine Stücke geschnittene Schokolade wird zuletzt unter den Teig gehoben. Mit Hilfe von 2 Teelöffeln setzt man etwas Teig nicht zu dicht nebeneinander als Häufchen auf ein gut gefettetes Backblech und läßt sie bei mittlerer Hitze ca. 15 Minuten goldbraun backen.

Marzipan-Schokoladenplätzchen

250 g Mehl, 125 g Butter, 150 g Zucker, 100 g Marzipan, 1 Ei, 1 Messerspitze Zimt, etwas Vanille, 1 Teel. Kakao, zum Überziehen: Schokoladenguß.

Die Marzipanmasse wird mit der weichen Butter verrührt, dann mit den übrigen Zutaten schnell zu einem Teig verknetet. Der Teig wird ausgerollt, zu runden Plätzchen ausgestochen, die mit Eigelb bestrichen hellbraun gebacken werden. Nach dem Erkalten wird die untere Seite mit Schokoladenguß überzogen und durch Durchziehen mit einer Gabel verziehrt.

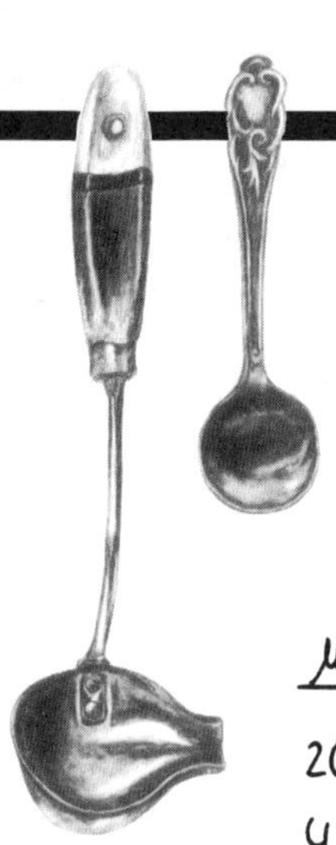

Marzipan-Törtchen

200 g Butter, 175 g Zucker, 1-2 P. Vanillinzucker, 4 Eier, 200g Marzipan-Rohmasse, 2 Eßl. Rum, 65 g Speisestärke, 150 g Kölln-Instant-Flocken, 65g Weizenmehl, 1-2 Teel. Backpulver, ca. 25 Mandeln (abgezogen); Papierförmchen.

Butter, Zucker, Vanillinzucker, Eier, zerkleinerte Marzipanmasse und Rum in eine Schüssel geben, Speisestärke, Flocken, Mehl und Backpulver mischen, darüber geben. Alle Zutaten zu einem glatten Teig verarbeiten. Jedes Papierförmchen mit 1 Eßl. Teig füllen, auf ein Blech setzen, in jedes Törtchen eine Mandel drücken. Im vorgeheizten Backofen auf der mittleren Schiene bei 200°C 25-30 Minuten backen.

Milch-Kokos-Häufchen

200 g gezuckerte 10%ige Dosenmilch, 200 g Kokosraspeln, Oblaten, Kuvertüre.

Milch und Kokosraspeln gut miteinander vermengen. Mit 2 Teelöffeln kleine Häufchen auf Oblaten setzen und auf dem leicht gefetteten und gewachsten Blech backen. Die Häufchen nach dem Erkalten teilweise mit Kuvertüre verzieren.

Backzeit: 20-25 Minuten bei 140-160°C.

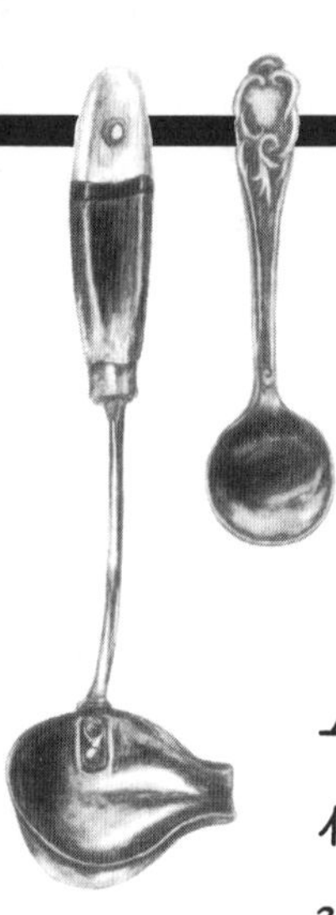

Mohnkränzchen

125 g Butter oder Margarine, 100 g Zucker, 1 P. Vanillinzucker, 1 Ei, 175 g Weizenmehl, 75 g Speisestärke, 100 g gemahlener Mohn.

Die Butter schaumig rühren, nach und nach Zucker und Vanillinzucker hinzugeben, dann Ei, Mehl und Speisestärke mischen, sieben, mit Mohn vermischen und eßlöffelweise unterrühren. Den Teig in einen Spritzbeutel mit gezackter Tülle füllen und Ringe (etwa 4 cm Ø) auf das Backblech spritzen. Bei 175-200° C etwa 10 Minuten backen.

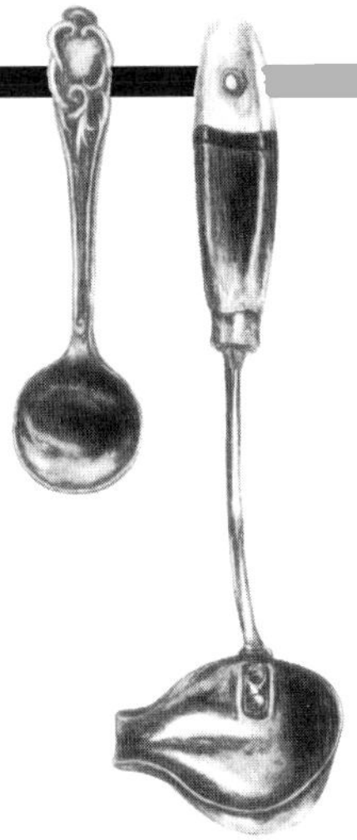

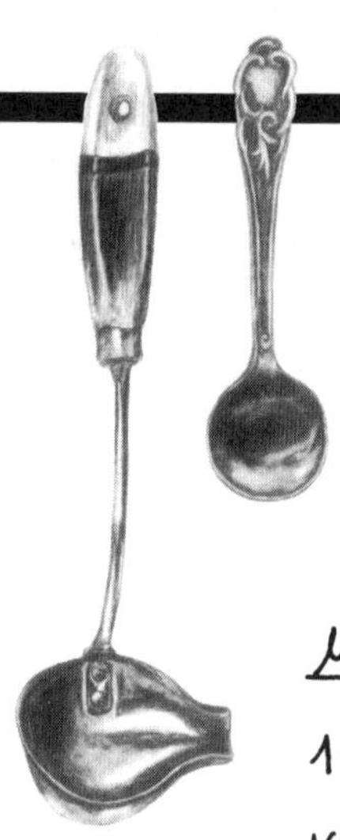

Mutzenmandeln

100 g Butter oder Margarine, 60 g Zucker, Schale von 1/2 Zitrone, 1 Eßl. Rum, Salz, 2-3 Eier, 350 g Mehl, 1 Teel. Backpulver, Keimöl, Puderzucker.

Das Fett schaumig rühren und löffelweise den Zucker, sowie die abgeriebene Zitronenschale, den Rum und etwas Salz dazurühren. Einzeln die Eier hinzufügen und alles gut miteinander verrühren. Mehl und Backpulver mischen, 1/3 über die Schaummasse sieben und darunterrühren. Das übrige Mehl darunterkneten, den Teig 30 Minuten kühl ruhen lassen. Danach dick ausrollen und mit einer Spezialform Mutzenmandeln ausstechen oder mit einem Teelöffel kleine, längliche Stücke von dem Teig abstechen. Die Mutzenmandeln in heißem

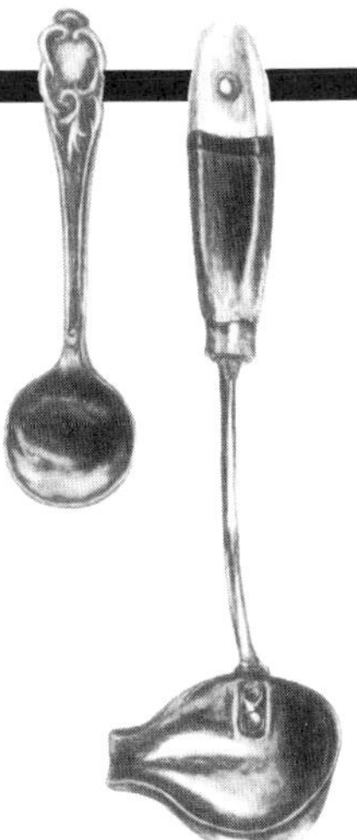

Keimöl schwimmend goldbraun backen, abtropfen lassen und mit Puderzucker bestreuen.

Mokkaplätzchen

75 g Butter, 100 g Zucker, 1 Ei, 50 g Mehl, 3 gestr. Teel. Pulverkaffee, 75 g gehackte und angeröstete Haselnüsse, einige ganze Haselnüsse.
Butter, Zucker und Eigelb schaumig rühren, nach und nach mit Pulverkaffee gemischtes Mehl und Haselnüsse dazugeben und gut verkneten. Den Teig 30 Minuten kühl ruhen lassen, dann etwa 5 mm dick ausrollen und kleine runde Plätzchen ausstechen, auf ein gefettetes Backblech legen. Eiweiß steif schlagen und die Plätzchen damit überziehen, je 1/2 Haselnuß aufsetzen. Die Plätzchen goldbraun bei 190–200°C 15 Minuten backen.

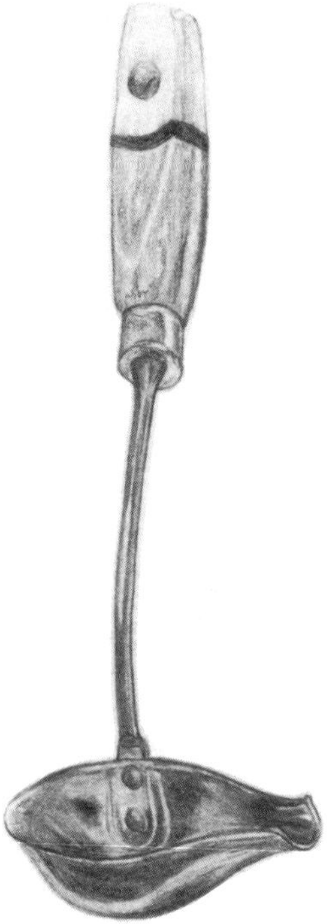

N

Napoleon-Krapferl

Teig: 2 Eiweiß, 250g Puderzucker, 1 P. Vanillinzucker, etwa 300g gemahlene Haselnußkerne. Zum Ausrollen: etwa 150g gemahlene Haselnußkerne. Füllung: 100g Biskin, 50g Puderzucker, 30g Kakao, 1 P. Vanillinzucker, 3 Tropfen Bittermandelbacköl, einige Tropfen Rum-Aroma, 1 kleines Ei. Guß: 100g Kuchenglasur. Zum Garnieren: 50g Haselnußkerne.

Für den Teig das Eiweiß zu steifem Schnee schlagen. Er muß so fest sein, daß ein Messerschnitt sichtbar bleibt. Darunter eßlöffelweise den mit Vanillin-Zucker gemischten und gesiebten Puderzucker schlagen und dann gut die Hälfte der Haselnußkerne unterrühren. Von dem Rest der Nüsse so viel darunter kneten, daß der Teig kaum noch klebt. Auf der mit gemahlenen Haselnußkernen dicht bestreuten Tischplatte den Teig etwa 3 mm dick ausrollen, mit einer runden Form (etwa 4 cm Ø) ausstechen und auf ein mit gut gefettetem Pergamentpapier bedecktes Backblech legen. Im vorgeheizten Backofen bei 130–150° C etwa 20 Minuten backen. Für die Füllung das Pflanzenfett zerlassen und kaltstellen. Den mit Kakao gesiebten Puderzucker, den Vanillin-Zucker und die Aromen in eine Schüssel geben und alles nach und nach mit dem Ei und dem lauwarmen Fett verrühren. Die Füllung kaltstellen. Für den Guß die Glasur nach der Vorschrift auf dem Beutel auflösen, die Hälfte der Plätzchen damit bestreichen und jeweils mit einem Haselnußkern garnieren. Sobald die Füllung etwas fest geworden ist, die restl. Plätzchen auf der Unterseite damit bestreichen und die garnierten darauf legen.

Nikolaus-Stiefel

Teig: 125g Honig, 60g Margarine, 50g Zucker, 1 P. Vanillinzucker, 1 Eigelb, 1 Messerspitze Zimt, 1 Messerspitze gemahlene Nelken, 250g Weizenmehl, 2 gestr. Teel. Backpulver, 1 gestr. Eßl. Kakao. Zum Verzieren: etwa 100g Puderzucker, etwas Eiweiß. Zum Garnieren: Bunte Süßigkeiten.

Für den Teig Honig, Fett, Zucker und Vanillinzucker langsam erwärmen, zerlassen, in eine Schüssel geben und kaltstellen. Unter die fast erkaltete Masse nach und nach Eigelb, Gewürze und 2/3 des mit Backpulver und Kakao gemischten und gesiebten Mehls rühren. Den Rest des Mehls darunter kneten. Den Teig gut 1/2 cm dick ausrollen, Stiefel von gewünschter Größe ausschneiden und aus dem restlichen Teig Plätzchen ausstechen. Den Teig auf ein gefettetes

Backblech legen. Im vorgeheizten Backofen bei 175-200°C etwa 15 Minuten backen. Zum Verzieren den gesiebten Puderzucker mit so viel Eiweiß verrühren, daß eine spritzfähige Masse entsteht. Die Stiefel mit Guß verzieren (am besten mit Hilfe eines Pergamentpapiertütchens) und mit Süßigkeiten garnieren. Die Plätzchen ebenfalls verzieren.

Nürnberger Lebkuchen

1 Ei, 65 g Zucker, 50 g Mandeln, 5 g abgeriebene Apfelsinenschale, 5 g Zitronat, 60 g Mehl, 1 Messerspitze Zimt, 10 g Backpulver, 1 Stückchen Butter.

Aus den Zutaten einen Teig kneten, ausrollen und ausstechen. Im Backofen ausbacken.

Nußberge

100 g Butter, 125 g Zucker, 1 P. Vanillinzucker, 2 Eier, 1 Prise Salz, 3 Eßl. Milch, 200 g Köllns Kernige, 75 g gemahlene Nüsse, 200 g Weizenvollkornmehl, 1 Teel. Backpulver, Fett und Blütenzarte Kölln Flocken für das Blech, Haselnüsse zum Garnieren.

Butter, Zucker, Vanillinzucker, Eier und Salz schaumig rühren. Milch, Köllns Kernige, Nüsse und Mehl nach und nach unterrühren. Teig in einen Spritzbeutel füllen und kleine Häufchen auf ein gefettetes und mit Flocken bestreutes Blech setzen. Eine Haselnuß auf jedes Plätzchen setzen. Bei 190°C ca. 15 Minuten backen.

Nußecken

375 g Mehl, 2 gestr. Teel. Backpulver, 150 g Zucker, 2 P. Vanillinzucker, 1 Ei, 200 g Margarine.
1/3 des Teiges zu einem Rechteck (32 x 24 cm) ausrollen, auf ein Backblech legen und dünn mit Aprikosenkonfitüre bestreichen. 100 g Margarine mit 100 g Zucker, 1 P. Vanillinzucker und 2 Eßl. Wasser zerlassen und aufkochen. 200 g Haselnüsse (halb gem., halb geh.) darunter rühren und kaltstellen. Die abgekühlte Masse auf dem Teig verstreichen, vor den Teig mehrfach gefaltete Alu-Folie legen. Bei 175-200°C ca. 20-30 Minuten backen. Danach das abgekühlte Gebäck in Vierecke (ca. 8 x 8 cm) schneiden, zu Dreiecken halbieren. 2 geh. Teel. Kakao mit 50 g Puderzucker mischen, sieben und mit einem Eßl. heißem Wasser glattrühren, so daß eine dickflüssige Masse entsteht.

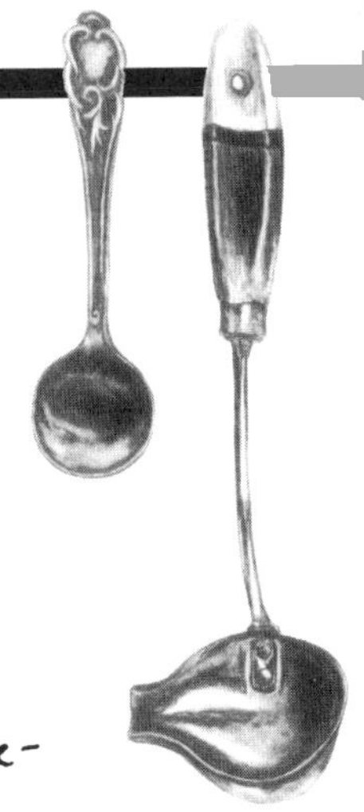

Dann 1 Eßl. zerlegte Margarine dazugeben und die beiden spitzen Ecken des Gebäcks damit bestreichen.

Nußküßchen

2 kleine Eiweiß, 125 g feiner Zucker, 125 g gemahlene Haselnußkerne, kleine, ganze Nußkerne.
Eiweiß und Zucker sehr steif schlagen, dann 2 Eßlöffel von der Masse abnehmen. Die gemahlenen Nußkerne unter die Eiweißmasse heben, mit feuchten Händen kleine Kügelchen aus dem Teig formen und mit einem feuchten Holzlöffelstiel eine Vertiefung in die Mitte drücken. Etwas von dem zurückgelassenen Eiweiß hineingeben und eine ganze Haselnuß daraufsetzen. Backen: 20-25 Minuten bei 140-160°C.

Nußhörnchen

40 g Hefe, 250 ml lauwarme Milch, 1 Prise Salz, 50 g Honig, abgeriebene Schale einer unbehandelten Zitrone, 2 Eigelb, 500 g Weizenvollkornmehl, 50 g zerlassene Butter, 1 Eßl. Öl. Füllung: 200 g gemahlene Haselnüsse, 200 g Honig, 1 gestr. Teel. Zimt, 1 Eigelb, 3 Eßl. süße Sahne, 2 Eßl. feingeschnittene Rosinen, 1 verquirltes Ei.

Hefe in der Milch auflösen. Salz, Honig, Zitronenschale und Eigelb vermischen. Mehl mit Butter und Öl dazugeben und 10 Minuten kneten. Den Teig 20 Minuten gehen lassen, in der Zwischenzeit die Füllung herstellen. Haselnüsse, Honig, Zimt, Eigelb, Sahne und Rosinen gut vermischen. Den Teig halbieren und jede Hälfte zu einer runden Platte ausrollen und in Kuchenstücke schneiden. Auf die Hälfte aller Stücke

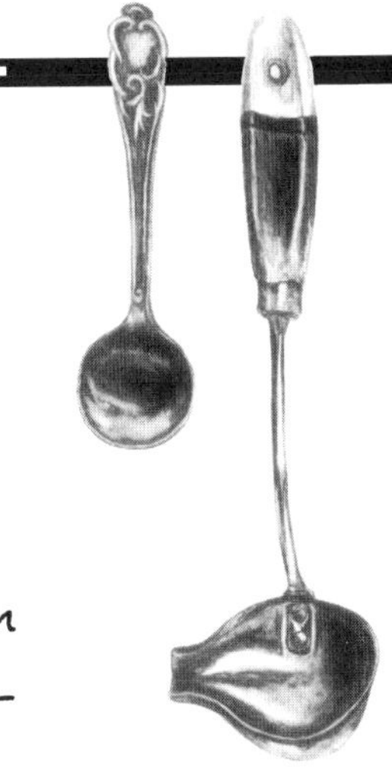

Füllung geben, mit den anderen Teigplatten bedecken und mit einem verquirltem Ei bepinseln. Nochmals 30 Minuten gehen lassen, dann bei 200°C 35 Minuten backen.

Nußräder

125 g Haselnußkerne, 250 g Mehl, 100 g Mondamin, 1 Teel. Backpulver, 250 g Butter, 100 g Puderzucker, 1 Ei, 1 Eigelb, 1 P. Vanillinzucker, 1 Eiweiß; 3 Eßl. Zucker, 2 Eßl. Kakao.

Nüsse in einer Pfanne leicht rösten und mahlen. Teig bereiten, Nüsse unterkneten. Rollen formen (3 cm Ø). Mit Eiweiß bestreichen, in Zucker-Kakaogemisch wälzen und 60 Minuten kühlstellen. In 1/2 cm dicke Scheiben schneiden und auf ein gefettetes Blech legen. 10-12 Minuten bei 200°-210°C backen.

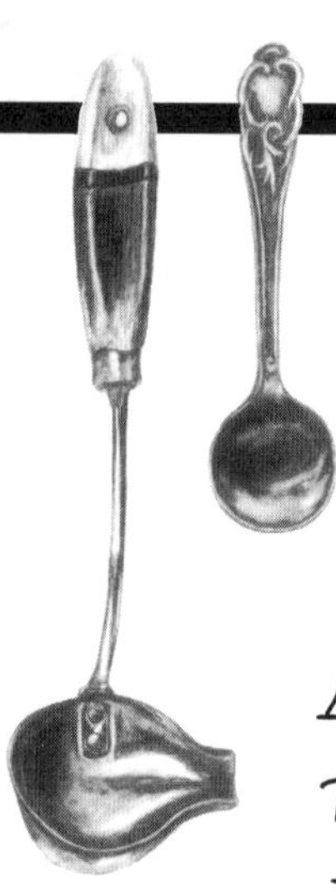

Nußmöppchen

Teig: 150 g Margarine, 175 g Zucker, 1 P. Vanillinzucker, 1/2 Fl. Rum-Aroma, 1 Ei, 250 g Weizenmehl, 2 gestr. Teel. Backpulver, 150 g Grieß, 100 g gemahlene Haselnußkerne. Zum Belegen: etwa 100 g Haselnußkerne. Guß: 50 g Schokolade (zartbitter), etwas Biskin.

Für den Teig die Margarine schaumig rühren, nach und nach Zucker, Vanillinzucker, Aroma und Ei hinzugeben. 2/3 des mit Backpulver gemischten und gesiebten Mehls eßlöffelweise unterrühren. Den Rest des Mehls, den Grieß und die Haselnußkerne darunter kneten. Sollte der Teig kleben, ihn eine Zeitlang kaltstellen. Den Teig zu Rollen formen (etwa 2 cm Ø), etwa 1/2 cm dicke Scheiben davon abschneiden, diese zu Kugeln formen und auf ein gefettetes Blech

legen. In jede Kugel einen Nußkern leicht eindrücken. Bei 175-200°C im vorgeheizten Backofen 20-25 Minuten backen. Für den Guß die in kleine Stücke gebrochene Schokolade mit dem Fett in einem kleinen Topf im Wasserbad bei schwacher Hitze zu einer geschmeidigen Masse verrühren. Die Plätzchen damit besprenkeln.

Nußstangen

150 g Mehl, 125 g geriebene Haselnüsse, 125 g Zucker, 2 Eigelb, 125 g Butter in Flöckchen.

Zutaten zu einem Teig verkneten. Plätzchen formen (Zigarrenform). Backzeit: 15-20 Minuten bei 210°C auf der 2. Schiene von oben. Nach dem Backen Plätzchen mit Eigelb bestreichen.

Nuß-Nougatplätzchen

Teig für etwa 70 Oblaten: 2 Eier, 200g Zucker, 1 P. Vanillinzucker, 1 Messerspitze gemahlene Nelken, 1 Messerspitze gemahlene Muskatblüte, 3 Tropfen Zitronenbacköl, 50g Rosinen, 30g Zitronat, 250g gemahlene Haselnußkerne, 200g Nußnougatmasse. Guß: 250g Puderzucker, 5-6 Eßl. Zitronat. Zum Bestreuen: (bunte) Zuckerstreusel.

Für den Teig die Eier schaumig schlagen und nach und nach Zucker und Vanillinzucker dazugeben. Danach so lange schlagen, bis eine cremeartige Masse entstanden ist. Darunter die Gewürze, die Rosinen, das Orangeat, die Sukkade (beides in sehr kleine Würfel geschnitten) und die Haselnußkerne geben. Die Nougatmasse in einem kleinen Topf im Wasserbad oder auf der Automatikplatte bei schwacher

Hitze zu einer geschmeidigen Masse verrühren und unter die Haselnußmasse rühren. Diese mit einem in Wasser getauchten Messer bergförmig auf die Oblaten streichen und sie auf ein Backblech legen. Bei 140–160°C 20–25 Minuten backen. Für den Guß den gesiebten Puderzucker mit so viel Zitronensaft verrühren, daß eine dickflüssige Masse entsteht. Die noch warmen Plätzchen damit bestreichen und nach Belieben mit Zuckerstreuseln bestreuen.

Nuß-Pangani

200g Butter oder Margarine, 100g Kandisfarin, 1 Ei, 2 Eßl. Rum, 200g Mehl, 1/2 Teel. Kardamom, 1/2 Teel. Zimt, 1 Messerspitze Muskat, 200g gemahlene Haselnuß- oder Walnußkerne, 100g Grümmel. Glasur: 250g Puderzucker, 30g Kakao, 3-5 Eßl. heiße Milch oder heißes Wasser, 25g zerlassenes Kokosfett.

Das Fett schaumig rühren, nach und nach den Zucker, das Ei und die Gewürze dazugeben, dann das Mehl, die Nußkerne und den Grümmel unterkneten. Aus dem Teig runde Stangen formen und über Nacht in den Kühlschrank stellen. Von den Stangen ca. 1/2 cm dicke Scheiben schneiden und backen. Backen: 12-15 Minuten bei 180-200°C. Nach dem Abkühlen zur Hälfte mit Schokoladenglasur überziehen.

Nußtaler

375 g Mehl, 125 g Mondamin, 2 gestr. Teel. Backpulver, 250 g Zucker, 1 P. Vanillinzucker, 2 Eier, 3 Tropfen Bittermandelöl, 250 g Margarine, 250 g Haselnüsse.

Alle Zutaten – außer Haselnußkerne – verkneten, die Nüsse in Viertel schneiden und darunterheben. Aus dem Teig gut 2 1/2 cm dicke Rollen formen, kaltstellen, bis der Teig hart geworden ist, die Rollen dann in Scheiben schneiden und auf einem Backblech bei 200 °C ca. 10–15 Minuten backen.

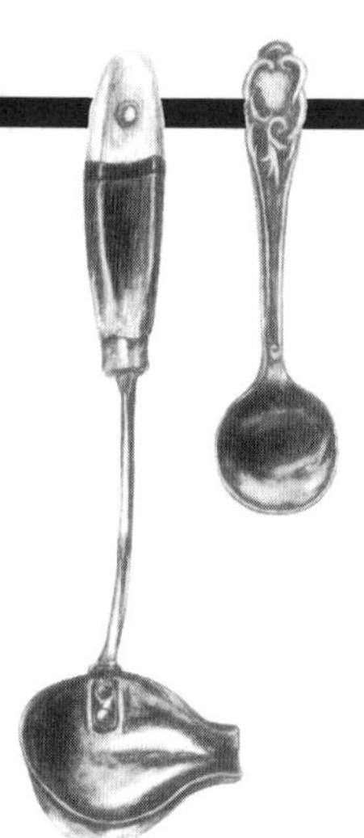

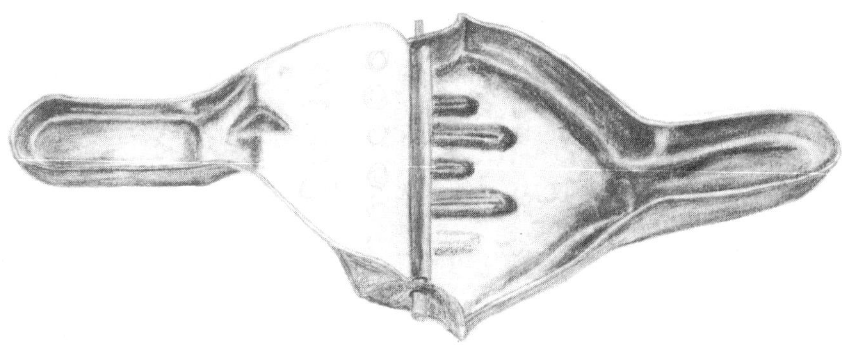

Nuß-Zitronenplätzchen

125 g Weizenmehl, 75 g Speisestärke, 1 1/2 gestr. Teel. Backpulver, 125 g Zucker, 1 P. Vanillinzucker, 1 Prise Salz, 1 Ei, 100 g Butter, 125 g gemahlene Haselnußkerne, Guß: 75 g Puderzucker, 2 Eßl. Zitronensaft.

Alle Zutaten zu einem Teig verarbeiten. Teig dünn ausrollen und Motive ausstechen. Backzeit: 10-15 Minuten bei 180°C. Guß: Puderzucker sieben und mit Zitronensaft glattrühren. Plätzchen sofort nach dem Backen damit bestreichen.

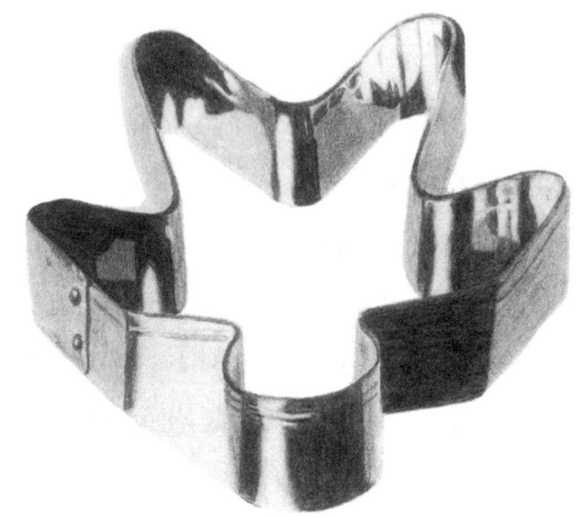

O P

Orangenplätzchen

175 g Butter oder Margarine, 100 g Zucker, 1 P. Vanillinzucker, 1 Ei, Salz, 1 Fl. Backöl Zitrone, 300 g Weizenmehl, 175 g Puderzucker, 4-5 Eßl. Orangenlikör oder Zitronensaft, kandierte Orangenscheiben.

Butter, Zucker, Vanillinzucker, Ei und Salz schaumig rühren, Backöl nach und nach hinzugeben. Mehl sieben und zu 2/3 eßlöffelweise unterrühren. Den Rest mit dem Brei zu einem glatten Teig verkneten. Den Teig knapp 1/2 cm dick ausrollen, mit einer runden Form (etwa 4 cm Ø) Plätzchen ausstechen, auf ein gefettetes Backblech legen. Bei 175-200°C etwa 10-15 Minuten backen. Für den Guß Puderzucker sieben und mit Orangenlikör oder Zitronensaft verrühren, so daß eine dickflüssige Masse entsteht.

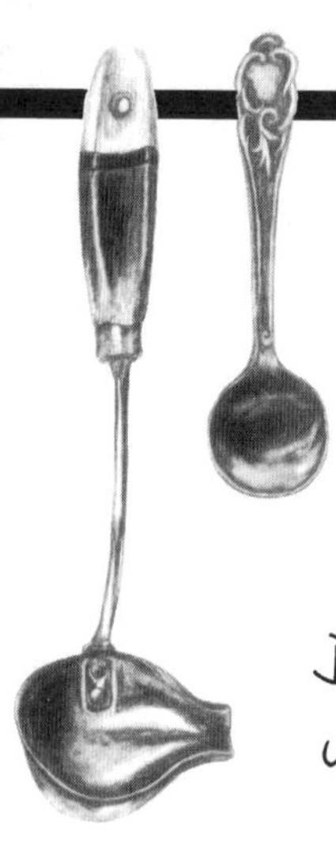

Die erkalteten Plätzchen mit dem Guß bestreichen und mit kleinen Orangenscheiben garnieren.

Organistenplätzchen

250 g Mehl, 150 g Butter, 150 g geriebener Gouda, 1/2 Teel. Backpulver, 1/2 Teel. Rosenpaprika, 1/2 Teel. Salz, 4 Eßl. Dosenmilch.

Den Teig kneten und 2 Std. kaltstellen. Dann ausrollen und mit kleinen Förmchen Plätzchen ausstechen. Diese nach Belieben mit Eigelb, Mandeln, Mohn, Kümmel verzieren und bei 220° C ca. 10-12 Minuten backen (nicht zu dunkel!).

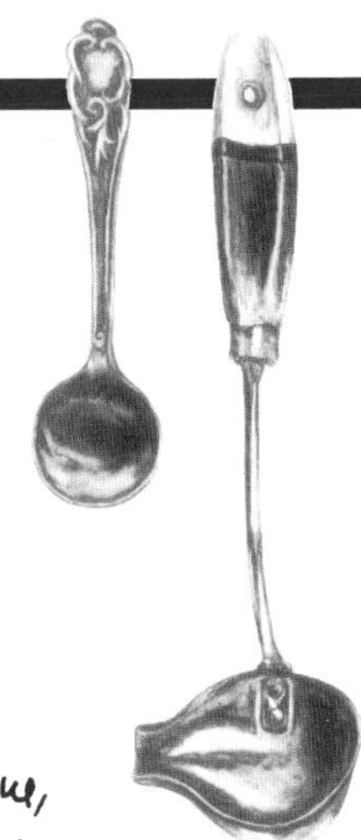

Pfaffenhüte

125 g Butter, 100 g Zucker, 1 Ei, Schale einer Zitrone, 1 Prise Salz, 250 g Mehl, 125 g Marmelade, 1 Eigelb, etwas Milch.

Butter mit Zucker und Ei schaumig rühren, nach und nach Zitronenschale, Salz und Mehl dazugeben und gut verrühren. Den Teig 1/2 Std. kühl ruhen lassen, dann auf einem bemehlten Brett ausrollen und runde Plätzchen mit 6-8 cm Ø ausstechen. Etwas Marmelade in die Mitte geben, den Teig von 3 Seiten dreispitzartig darüberschlagen. Die Plätzchen über Nacht ruhen lassen, dann mit Eigelbmilch streichen und bei 210-220°C 25-30 Minuten backen.

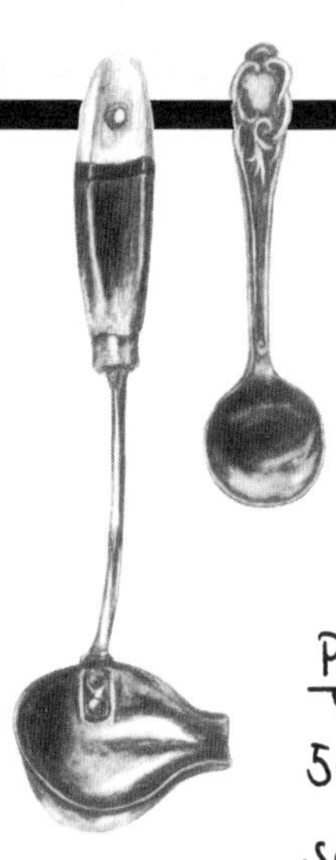

Pfefferbrot

500 g Mehl, 1/8 l Milch, 40 g Hefe, 250 g Rosinen, 200 g Zucker, 100 g Zuckerrübensirup, 1/2 Teel. Zimt, nach Belieben etwas Anis und Kardamom, 1 P. Vanillinzucker.

Mehl in eine Schüssel sieben, in die Mitte eine Vertiefung drücken, die zerkleinerte Hefe mit etwas Zucker und Milch hineingeben, mit etwas Mehl zu einer flüssigen Masse verrühren und 30-45 Minuten zugedeckt gehen lassen. Rosinen mit heißem Wasser überbrühen, etwas ziehen lassen und abtropfen. Butter, Zucker und Sirup zusammen erhitzen (gut rühren!), abkühlen lassen, portionsweise mit dem Mehl vermengen, kräftig kneten. Gewürze und Rosinen dazufügen und zu einem glatten, nicht klebenden Teig

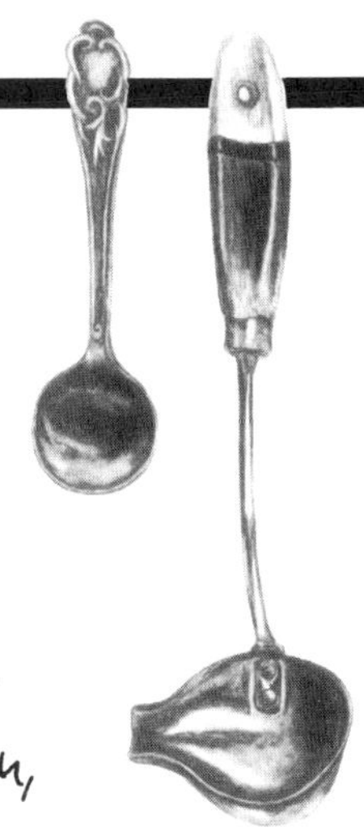

verarbeiten. Den Teig in eine gefettete Kastenform geben, erst 30–45 Minuten gehen lassen, dann bei 175°C 50–65 Minuten backen.

Plätzchen

250 g Sanella, 250 g Puderzucker, 350 g Mehl, 125 g Korinthen, 75 g Kokosraspeln, 2 Eier, 1 Prise Salz, abgeriebene Schale einer Zitrone, etwas Backpulver.

Einen Rührteig herstellen, dabei die Zutaten nach und nach miteinander vermengen. Mit zwei Teelöffeln kleine Häufchen auf ein Backblech setzen und 10–12 Minuten backen.

Prager Plätzchen

Teig: 375 g Weizenmehl, 1 gestr. Teel. Backpulver, 50 g Zucker, 1 P. Vanillinzucker, 3 Eigelb, 250 g Sanella. Belag: 3 Eiweiß, 200 g Puderzucker, 75 g gehackte Mandeln, 175 g Korinthen.

Für den Teig Mehl und Backpulver mischen und auf die Tischplatte sieben. In die Mitte eine Vertiefung eindrücken. Zucker, Vanillinzucker und Eigelb hineingeben und mit einem Teil des Mehls zu einem dicken Brei verarbeiten. Darauf die in Stücke geschnittene kalte Margarine geben, sie mit Mehl bedecken und von der Mitte aus alle Zutaten schnell zu einem glatten Teig verkneten. Den Teig dünn ausrollen, mit einer runden Form (4 cm Ø) Plätzchen ausstechen und auf ein Backblech legen. Für den Belag das Eiweiß sehr steif schlagen. Darunter nach

und nach den gesiebten Puderzucker schlagen. Die Masse in einen Spritzbeutel mit Lochtülle füllen, als Tuff auf die Teigplätzchen spritzen, mit Mandeln bestreuen und einige Korinthen hineindrücken. Strom: 175–200°C (vorgeheizt). Backzeit: 10–15 Minuten.

Punschplätzchen

1/2 Pfund Butter, 1/2 Pfund Zucker, 1 Pfund Mehl, 1 gestr. Teel. Hirschhornsalz, 1 P. Vanillinzucker, 1 Schnapsglas Rum.

Butter in eine Schüssel geben, darauf Zucker, Mehl, Salz, Vanillinzucker und Rum geben. Die Zutaten miteinander verrühren und verkrümeln. Kleinere Massen in der Hand auseinanderdrücken und daraus kleine Bällchen formen. Diese plätten und hellbraun backen.

Printen

2 1/2 Pfund Mehl, 1 Pfund Zucker, 20g gemahlener Koreander, 10 g Anissamen, 2 Teel. Nelkenpfeffer, 2 P. Backpulver, 2 Teel. Hirschhornsalz, 1 Pfund Kunsthonig, Marmelade oder Sirup, 1 Tasse Kaffee, etwas Butter.

Mehl in eine Schüssel geben, in die Mitte eine Vertiefung machen, auf das Mehl Zucker, Koreander, Anissamen, Nelkenpfeffer, Backpulver und Salz streuen. Honig, Marmelade oder Sirup mit einer Tasse Kaffee verrühren und in die Mitte des Mehles geben. Von der Mitte aus den Teig anrühren, kneten und 1/2-1 cm hoch ausrollen. Den Teig in Rechtecke schneiden und hellbraun backen.

Punschkränze I

250g Mehl, 1 gestr. Teel. Backpulver, 125g feinster Zucker, 1 Ei, abgeriebene Schale einer halben Zitrone, 1 Eßl. Rum, 125g Butter oder Margarine, 125g feingemahlene Mandeln; Glasur: (rosa und weiß) 250g Puderzucker, 1 Eiweiß, 1 Eßl. roter Fruchtsaft.

Alle Zutaten schnell zu einem Teig verkneten und mindestens 1 Std. kaltstellen. Aus dem Teig bleistiftdicke Röllchen formen, zu Kränzen legen und auf ein Backblech legen. Backen: 10-12 Minuten bei 175-200°C. Nach dem Abkühlen die Kränze je zur Hälfte mit rosa und weißer Glasur überziehen. Abwandlung: Den Mürbeteig ausrollen und Ringe ausstechen, backen und überziehen.

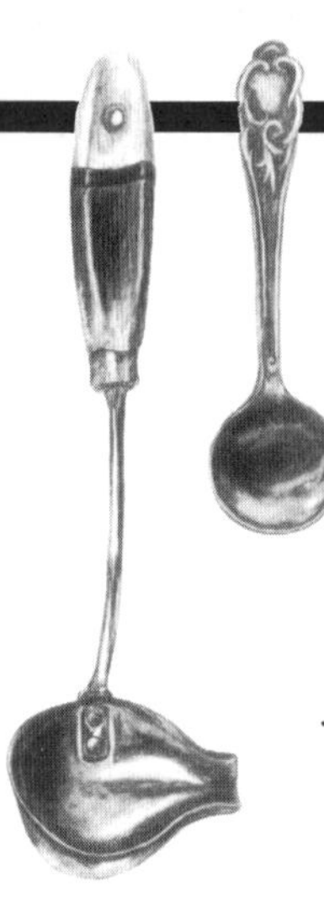

Punschkränze II

250g Mehl, 1 gestr. Teel. Backpulver, 125g feinster Zucker, 1 Ei, abgeriebene Schale einer halben Zitrone, 1 Eßl. Rum, 125g Butter oder Margarine, 125g feingemahlene Mandeln; Glasur: 250g Puderzucker, 3-4 Eßl. Rum.

Einen Mürbeteig herstellen, unter die eine Hälfte zusätzlich je 1 Eßl. Rum und Kakao kneten, kaltstellen. Aus beiden Teigen bleistiftdicke Röllchen formen, je ein dunkles und helles zu Kränzen verschlingen und backen. Anschließend mit Rumglasur überziehen. Backen: 10-12 Minuten bei 175-200°C.

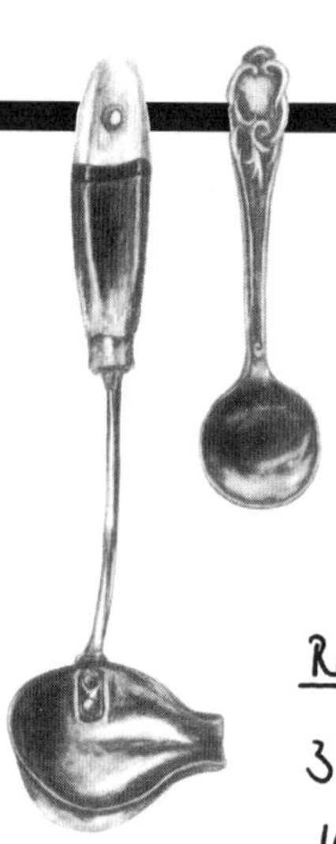

Rädergebackenes

3 Eier, 4 Eßl. Zucker, Zitronengewürz, 2 Eßl. Rum, Mehl, Zucker, Zimt

Eier werden mit Zucker, Zitronengewürz verschlagen, mit Rum verrührt und mit so viel Mehl, daß der Teig sich ausrollen läßt. Dann rädert man kleine Vierecke aus, backt sie in siedendem Fett hellbraun und wendet sie in Zucker und Zimt.

Rahmplätzchen

250g Mehl, 1 Teel. Backpulver, 175g Butter oder Margarine, 1 Becher (150g) saure Sahne, 1 Prise Salz; zum Bestreichen: mit Milch verquirltes Eigelb; zum Bestreuen: Hagelzucker.
Alle Zutaten schnell zu einem glatten Teig verkneten und 1 Std. kaltstellen. Danach den Teig 0,5 cm dick ausrollen, runde Plätzchen oder Ringe ausstechen, mit Eigelb bestreichen und dick mit Hagelzucker bestreuen. Backen: 10-12 Minuten bei 190-210°C.
Abwandlung: Den Teig in kleine Rauten schneiden.

Rondjes

50 g Zucker, 175 g Butter, 75 g Rohzucker, 1 Teel. Sirup, 1 Eßl. Wasser, 250 g Weizenmehl.

Den Zucker (50g) unter Rühren so lange erhitzen, bis er gebräunt ist und ihn dann auf ein geöltes Stück Alufolie geben. Nach dem Erkalten den Zucker fein zerdrücken. Die Butter schaumig rühren und nach und nach Rohzucker, Sirup und Wasser hinzufügen. Das gesiebte Mehl eßlöffelweise unterrühren. Zum Schluß den zerdrückten Zucker unterkneten. Aus dem Teig gut haselnußgroße Kugeln formen, nicht zu dicht nebeneinander auf ein Backblech legen und flachdrücken. Bei 175-200°C im vorgeheizten Ofen etwa 10 Minuten backen. Die Plätzchen sofort nach dem Backen vom Blech lösen und sie trocken aufbewahren.

Rumkränzchen

Teig: 100 g Margarine, 100 g Zucker, 1 P. Vanillinzucker, 1 Fl. Rum-Aroma, 1 Ei, 100 g Weizenmehl, 1 gestr. Teel. Backpulver, 200 g Haferflocken. Guß: 100 g Puderzucker, 2-3 Eßl. Rum.

Für den Teig das Fett schaumig rühren und nach und nach Zucker, Vanillin-Zucker, Aroma und Ei hinzugeben. Das mit Backpulver gemischte und gesiebte Mehl eßlöffelweise unterrühren und zum Schluß die Haferflocken unterkneten. Sollte der Teig kleben, ihn eine Zeitlang kaltstellen. Den Teig dünn ausrollen und mit einer runden Form (6 cm Ø) ausstechen. Die Teigplätzchen mit einer kleineren Form dann in der Mitte so ausstechen, daß Kränzchen entstehen und diese auf ein gefettetes Backblech legen. Im vorgeheizten Ofen bei 175-200° 10-15

Minuten backen. Für den Guß den gesiebten Puderzucker mit so viel Rum verrühren, daß eine dickflüssige Masse entsteht. Die noch warmen Kränzchen damit bestreichen.

Rumplätzchen

125 g Butter, 1 Ei, 2 Eßl. Rum, 125 g Mehl, 125 g Kartoffelmehl, 1/2 P. Backpulver.
Aus den Zutaten einen Teig kneten, über Nacht stehen lassen, am anderen Tag mit Förmchen ausstechen und im Ofen backen.

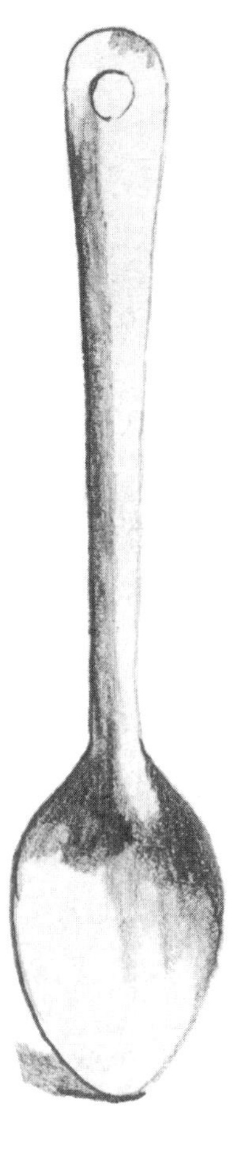

S

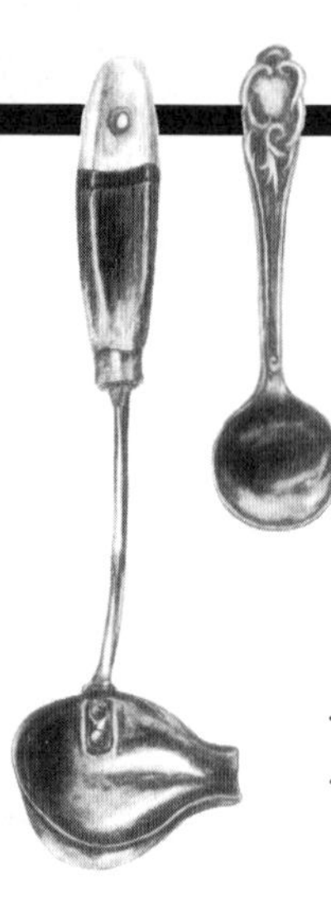

Sahnebrezeln

Teig: 375 g Weizenmehl, 1 schwach geh. Teel. Zucker, 2 P. Vanillinzucker, 1/8 Liter dicke saure Sahne, 250 g Butter. Zum Bestreichen: etwas Dosenmilch. Zum Garnieren: 100 g Hagelzucker, 50 g gehackte Mandeln.

Das Mehl auf die Tischplatte sieben. In die Mitte eine Vertiefung drücken, Zucker, Vanillinzucker und Sahne hineingeben und mit einem Teil des Mehls zu einem dicken Brei verarbeiten. Darauf die in Stücke geschnittene kalte Butter geben, sie mit Mehl bedecken und von der Mitte aus alle Zutaten schnell zu einem glatten Teig verkneten. Sollte er kleben, ihn eine Zeitlang kaltstellen. Den Teig etwa 1/2 cm dick ausrollen und in Streifen von gut 1/2 x 22 cm schneiden. Diese zu Brezeln schlingen, auf der oberen Seite mit Dosenmilch bestreichen und in den mit Mandeln gemischten Hagelzucker drücken. Die Brezeln mit der unteren Seite auf ein Backblech legen und goldgelb backen. Im vorgeheizten Backofen bei 200-225°C etwa 10 Minuten backen.

Sandgebäck

250g Mehl, 85g Zucker, 1 P. Vanillinzucker, 1 Fläschchen Rum-Aroma, 175g Margarine oder Butter.

Aus den Zutaten einen Knetteig zubereiten und kühlstellen. Teig ausrollen und Formen ausstechen. Auf ein gefettetes Backblech setzen. Bei 160°C ca. 20-25 Minuten backen. Nach dem Backen die Plätzchen teilweise mit Schokolade überziehen.

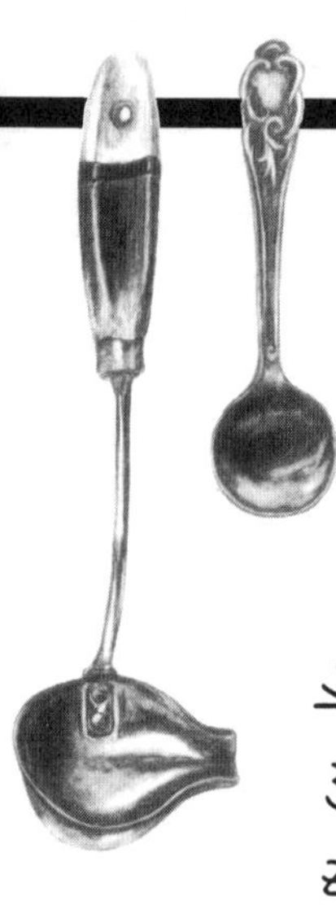

Sandkartöffelchen

30 g Butter, 90 g Zucker, 2 Eier, 1/2 P. Vanillinzucker, 2 Eßl. Milch, 1/4 Pfund Mehl, 1/4 Pfund Kartoffelmehl, 1 Teel. Backpulver.
Butter schaumig rühren und Zucker, Eier und die übrigen Zutaten hinzugeben. Aus der festen Masse kleine Kugeln formen und in heißem Schmalz backen.

Sandnüsse

3/4 Pfund Kartoffelmehl, 1/2 Pfund Weizenmehl, 1/2 Pfund Butter, 1/2 Pfund Zucker, 1 Ei, 1 Messerspitze Hirschhornsalz, 1 Stange Vanille.
Butter schaumig rühren, mit Zucker, Ei, Mehl und den anderen Zutaten vermischen und zu einem Teig kneten. Mit Teelöffeln kleine Häufchen auf ein Blech setzen und backen.

Saure-Sahne-Kringel

500g Mehl, 10 Eßl. saure Sahne, etwas Eiweiß,
350g Butter in Stückchen, Zimt, Zucker.
Man knetet aus den Zutaten einen Teig und läßt ihn auskühlen. Nun wird der Teig ausgerollt und kleine Kringel ausgestochen. Die Kringel werden mit Eiweiß bestrichen und mit Zimt und Zucker bestrichen. Auf einem gefetteten Backblech werden sie bei scharfer Hitze ca. 20 Minuten gebacken.

Scharfe Blätter

3 Scheiben tiefgefrorener Blätterteig, 2 Knoblauchzehen, 10 g grobes Salz, 20 g Paprikapulver (rosenscharf), 1 Teel. Pfeffer, Mehl zum Ausrollen, 1 Eigelb zum Bestreichen.

Geschälte Knoblauchzehen fein zerhacken und mit Salz, Paprika und Pfeffer vermischen. Aufgetaute Blätterteigscheiben mit dazwischengestreuter Knoblauchgewürzmischung zu einer dünnen Platte ausrollen, in Quadrate schneiden und dann 15 Minuten ruhen lassen. Im vorgeheizten Ofen bei 220°C 8-9 Minuten backen.

Schmalznüsse

250 g Schweineschmalz, 230g Zucker, 2 P. Vanillezucker, 625 g Mehl, 2 Eßl. Rum, 2 gestr. Teel. Hirschhornsalz.

Schmalz erhitzen, etwas abkühlen lassen und mit Zucker und Vanillinzucker verrühren. Mehl und das in Rum gelöste Hirschhornsalz unterarbeiten, so daß ein geschmeidiger Teig entsteht. Den Teig 30 Minuten kühl ruhen lassen, dann kleine Kugeln formen, nicht zu dicht auf ein gefettetes Blech setzen und bei 170-180°C 15-20 Minuten backen.

Tip: Der Teig kann durch Zugabe von 4 Eßl. Sirup und 1/2 P. Lebkuchengewürz abgewandelt und verfeinert werden.

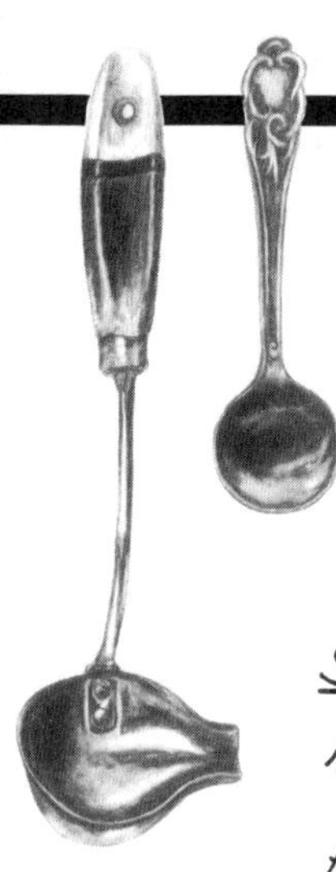

Schneeballen

1/2 Tasse Wasser, 30 g Margarine, 125 g Mehl, 4 Eier.
Aus Wasser, Butter und Mehl wird auf dem Herd ein gebrühter Teig gemacht. Wenn er ausgekühlt ist, werden die Eier darunter gerührt. Von diesem Teig macht man mit 2 Eßlöffeln Bällchen und backt sie in reichlich siedendem Fett.

Schneeflocken

250g Butter oder Margarine, 100g Puderzucker, 1 P. Vanillinzucker, 1 Prise Salz, 200g Mondamin, 125g Mehl.
Zutaten zu einem Teig verkneten und Teigrollen formen. Diese ca. 1 Std. in den Kühlschrank legen, dann Scheiben abschneiden, diese zu Kugeln formen, auf ein Backblech setzen und mit einer bemehlten Gabel flachdrücken. Auf 200°C - 10-12 Minuten backen.

Schneetaler

Teig: 300g Weizenmehl, 100g Zucker, 1 P. Vanillinzucker, 275 g Butter oder Margarine, 100g abgezogene, gemahlene Mandeln. Zum Bestäuben: 50-75g Puderzucker, 1 P. Vanillinzucker.

Das Mehl auf die Tischplatte sieben. In die Mitte eine Vertiefung drücken, Zucker, Vanillinzucker, das in Stücke geschnittene Fett und die Mandeln hineingeben, mit Mehl bedecken und von der Mitte aus alle Zutaten schnell zu einem glatten Teig verkneten. Den Teig in kleinen Portionen dünn ausrollen, mit einer runden Form (4-5cm Ø) ausstechen und auf ein Backblech legen. Im vorgeheizten Ofen bei 175-200°C 8-10 Minuten backen. Das erkaltete Gebäck mit dem Vanillinzucker gemischten Puderzucker bestäuben.

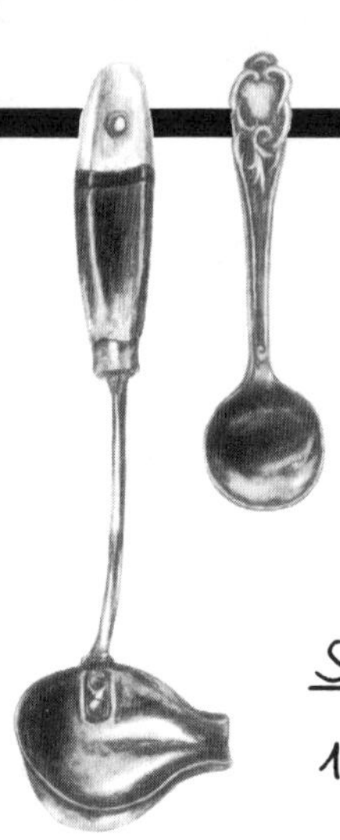

Schneemänner

100 g Honig, 50 g Zucker, etwas Salz, 25 g Margarine, 1 Eßl. Wasser, 1 Ei, 1/2 Teel. Zimt, 2 Tropfen Bittermandelöl, 250 g Weizenmehl, 25 g Kakao, 3 gestr. Teel. Backpulver. Guß: 100 g Puderzucker, Eiweiß.

Honig, Zucker, Salz, Margarine und Wasser langsam erwärmen, zerlassen, in eine Rührschüssel geben und kaltstellen. Unter die fast erkaltete Masse Ei, Gewürze und nach und nach 2/3 des mit Kakao und Backpulver gemischten und gesiebten Mehls rühren. Den Rest des Mehls darunter kneten. Sollte der Teig kleben, noch etwas Mehl hinzufügen. Den Teig auf einem gefetteten Backblech ausrollen und backen, bei 175-200°C etwa 10 Minuten. Sofort nach dem Backen aus der Platte nach Schablonen Schnee-

ausschneiden. Zum Verzieren Puderzucker mit so viel Eiweiß glattrühren, daß ein dickflüssiger Guß entsteht und damit die Schneemänner bestreichen.

Schokoladenknusperchen

250 g Palmin, 100 g Vollmilchschokolade, 250 g Puderzucker, 50 g Kakao, 175 g Cornflakes, Backoblaten.

Palmin erhitzen, Vollmilchschokolade darin auflösen. Puderzucker und Kakao mischen, sieben und in die abgekühlte Palmin-Schokoladenmischung geben. Cornflakes untermengen und kleine Häufchen auf Backoblaten setzen, erstarren lassen.

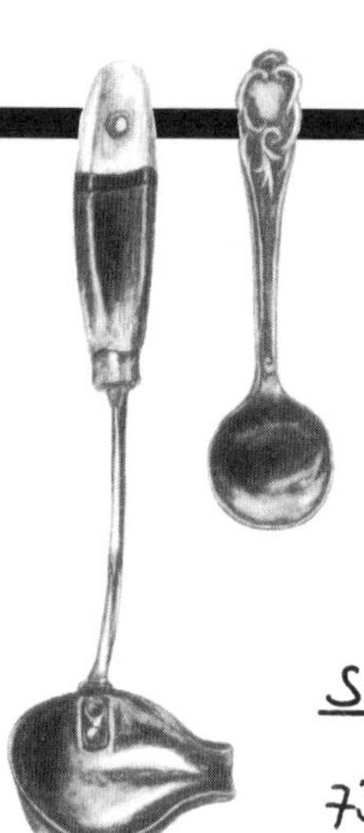

Schokoladen-Hupferl

75g Margarine, 50g Zucker, 1 P. Vanillinzucker, 1 Prise Salz, 1 Ei, 75g Mehl, 50g Mondamin, 1/2 gestr. Teel. Backpulver, 75g gemahlene Haselnußkerne, 100 gehackte Blockschokolade.
Das Fett mit Zucker, Vanillinzucker, Salz und dem Ei schaumig rühren. Mehl, Mondamin und Backpulver dazugeben. Zum Schluß die in kleine Bröckchen geschnittene Schokolade mit den gemahlenen Nüssen unterrühren. Walnußgroße Häufchen auf ein gefettetes Blech setzen. Backzeit: ca. 15 Minuten, bei 200°C.

Schokoladenplätzchen mit Rum

125 g Schokolade, 3 Eigelb, 375 g Puderzucker, 1 Eßl. Rum, 1/2 Teel. Hirschhornsalz, 500 g Mehl, 250 g Butter, 1 Eßl. Milch zum Auflösen des Salzes.

Schokolade sehr fein reiben, mit dem Eigelb und dem durchgesiebten Puderzucker gut verrühren, dann Rum und das aufgelöste Hirschhornsalz, die schaumiggerührte Butter und nach und nach das gesiebte Mehl dazugeben. Teig gut verarbeiten, 1 1/2 cm dick ausrollen, kleine runde Plätzchen ausstechen und auf dem Blech in milder Hitze backen. Plätzchen in einer Blechdose aufbewahren. Backzeit: 8-10 Minuten bei 175° C.

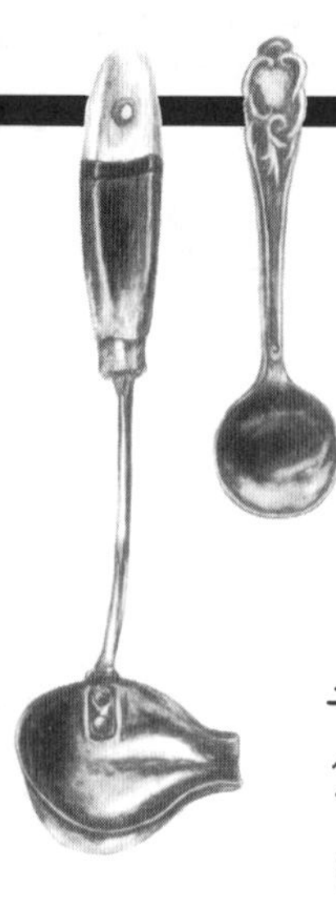

Schokoladentrüffel

220 g Milchpulver, 220 g Schokolade, 220 g Zucker, 60 g Butter, 2 Eigelb.
Schokolade erwärmen und zu einem dicken Brei zergehen lassen, etwas abkühlen lassen und anschließend die übrigen Zutaten unterrühren. Zu einer Wurst formen, in Stücke schneiden und 24 Stunden kühlstellen.

Schokoplätzchen

200 g Mehl, 1 Messerspitze Backpulver, 150 g Margarine, 50 g Zucker, 80 g gehackte Mandeln, 125 g geriebene Schokolade.
Mehl mit Backpulver mischen und dann alle Zutaten miteinander verkneten. Auf ein gefettetes Backblech Häufchen setzen. Im vorgeheizten Backofen bei 200°C ca. 15-20 Minuten backen.

Schokokusserl

4 Eigelb, 150 g Puderzucker, 300 g gemahlene Haselnüsse, 100 g Zartbitterschokolade.
Eigelb und Puderzucker schaumig rühren.
Haselnüsse und gehackte Schokolade unterheben.
Teig ca. 30 Minuten stehen lassen. Kleine Häufchen auf das eingefettete Backblech setzen und mit je einer Haselnuß belegen. Backzeit: ca. 20 Minuten bei 200°C auf der 2. Schiene von unten.

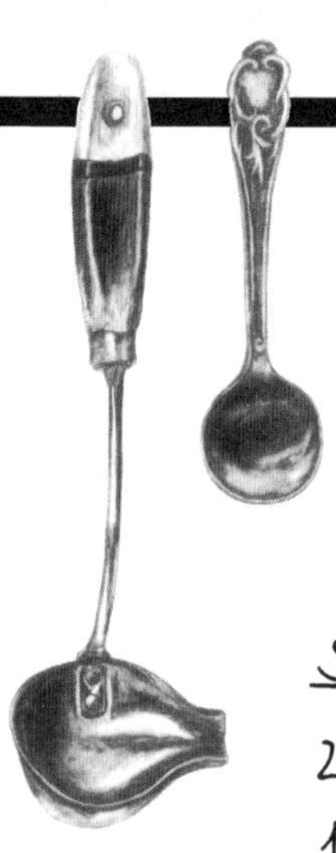

Schokoli

250 g Butter oder Margarine, 1 P. Vanillinzucker, 100 g Puderzucker, 250 g Mondamin, 75 g Mehl, 30 g Kakao; Füllung: ca. 100 g Haselnüsse; Guß: 125 g Schokoladen-Fettglasur.

Fett schaumig rühren, Vanillinzucker, Puderzucker und das Gemisch aus Mondamin, Mehl und Kakao darunterrühren, dann kneten. Aus dem Teig Rollen von etwa 2 cm Ø formen und in 1 cm dicke Scheiben schneiden. Jede Scheibe mit einer Haselnuß dekorieren, den Teig darüber zusammenziehen, zu Kugeln formen, auf ein ungefettetes Backblech setzen und bei Mittelhitze 175-200°C ca. 12 Minuten backen. Erkalten lassen und mit Schokoladen-Fettglasur überziehen.

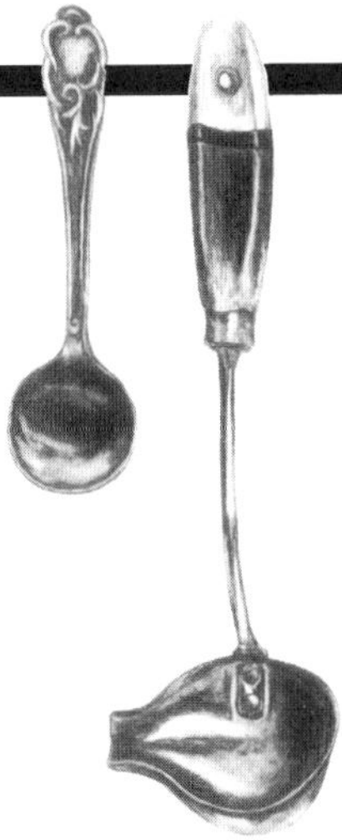

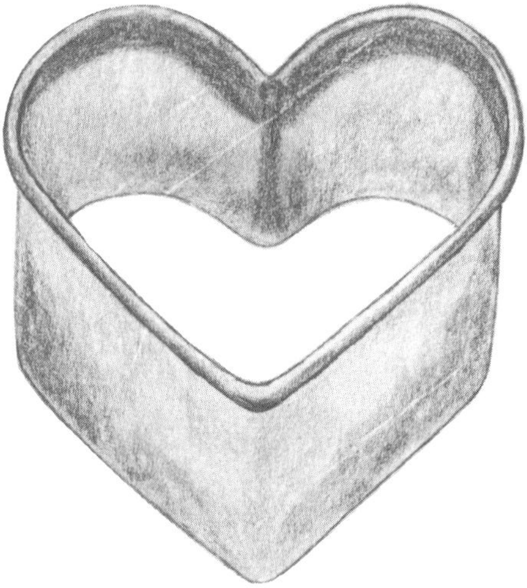

Schoko-Zitronat-Makronen

4 Eiweiß, 250 g Zucker, 250g geh. Mandeln, 150g geh. Schokolade, 50g klein geschnittenes Zitronat. Eiweiß sehr steif schlagen und die Zutaten unter den Eischnee geben. Kleine Häufchen auf Oblaten setzen und bei 100°C ca. 30 Minuten trocknen lassen.

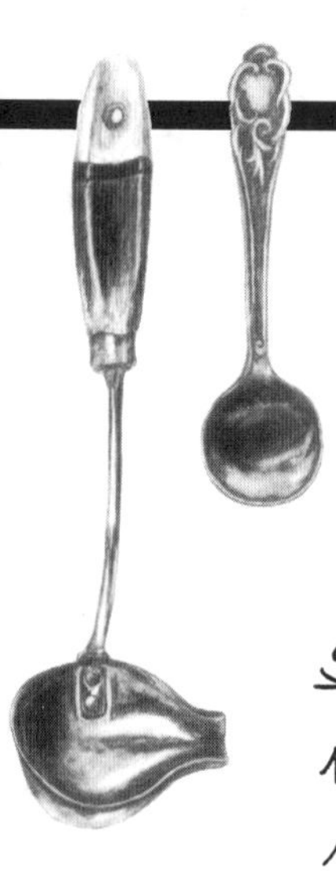

Schokoplätzchen mit Kokosraspeln

150 g Butter, 100 g Zucker, 1 P. Vanille-Aroma, 1 Prise Salz, 2 Eier, 250 g Weizenmehl, Guß: 150 g Halbbitter-Kuvertüre, etwas Kokosfett, 100 g Kokosraspeln.

Zutaten zu einem Teig verrühren, in einen Spritzbeutel mit gezackter Tülle füllen und Häufchen auf ein mit Backpapier ausgelegtes Backblech spritzen. Backzeit: 10 Minuten bei 200° C. Guß: Kuvertüre mit Kokosfett in einem Wasserbad (kleiner Topf) bei schwacher Hitze verrühren. Plätzchen nach dem Abkühlen mit der Unterseite hineintauchen und in Kokosraspeln drücken.

Schriewen-Plätzchen

1/2 Pfund Schriewen, 2 Pfund Mehl, 1 Pfund Zucker, 4 Eier, 1 P. Backpulver, Zitronen-Aroma, eventuell etwas Milch.

Schriewen werden durch die Wurstmaschine gedreht, mit Eier und Zucker und Mehl zusammengeknetet, Backpulver und Aroma dazugegeben und 1 Stunde kaltgestellt. Anschließend gibt man den Teig wieder durch die Wurstmaschine, der man vorher eine Plätzchentülle vorgeschraubt hat, formt Kränzchen oder S-Formen und backt sie im Herd hellgelb.

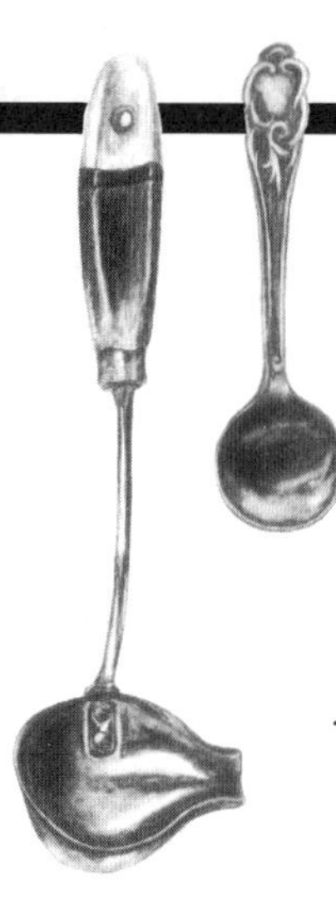

Schwarze Kometen

200 g Margarine oder Butter, 150 g feiner Zucker, 300 g Mehl, 1 Teel. Backpulver, Salz, 40 g Kakao, Fett zum Einfetten.

Butter und Zucker tüchtig rühren, das mit Backpulver gemischte und gesiebte Mehl sowie alle anderen Zutaten darunterrühren. Die Masse in einen Spritzbeutel füllen und davon kleine Röschen mit einem Kometenschweif auf ein gefettetes Backblech spritzen. In Mittelhitze braun backen. Backzeit: 10-15 Minuten bei 180-200°C.

Schwedische Plätzchen

250 g Margarine, 120 g Zucker, 1 Ei, 400 g Mehl, 1 Teel. Backpulver, 1-2 Teel. Salz. Verzierung: 1 Eiweiß, grober Zucker zum Bestreuen.

Die Margarine mit Zucker und Ei schaumig rühren. Das Mehl mit Backpulver sieben und mit Salz mischen. Die Mehlmischung nach und nach unter die Buttermasse rühren. Den Teig zu einer Kugel formen und in Alufolie gewickelt 3 Std. im Kühlschrank ruhen lassen. Den Teig in 3 Teile schneiden und die Teigportionen nacheinander verarbeiten. Runde Plätzchen ausstechen und auf ein Backblech legen, das Eiweiß verquirlen, die Plätzchen damit bestreichen und mit Zucker bestreuen. Bei 175°C in 8-10 Minuten backen.

Schwarz-Weißgebäck

heller Teig: 250 g Mehl, 1 gestr. Teel. Backpulver, 150 g Zucker, 1 P. Vanillinzucker, 1 Fl. Rum-Aroma, 1 Ei, 125 g Butter; dunkler Teig: 2 gestr. Eßl. Kakao, 1 Eßl. Zucker, 1 Eßl. Milch; Eiweiß

Mehl und Backpulver mischen, auf ein Backblech sieben, mit der Faust eine Vertiefung hineindrücken, Zucker, Vanillinzucker, Rum-Aroma und das Ei hineingeben und mit der Gabel zu einem Brei verarbeiten. Die Butter in Flocken dazugeben und gut durchkneten. Den hellen Teig halbieren und unter die eine Hälfte den mit Zucker und Milch verrührten Kakao kneten, woraus der dunkle Teig entsteht. Aus den beiden Teigen Schnecken- oder Schachbrettmuster formen, zum Verkleben der Teige Eiweiß benutzen. Die dicken Rollen in dünn ausgerollten Teig rollen, diese Rollen kaltstellen, Scheiben schneiden, auf ein gefettetes Blech legen und bei 175–195 °C ca. 10–15 Minuten backen.

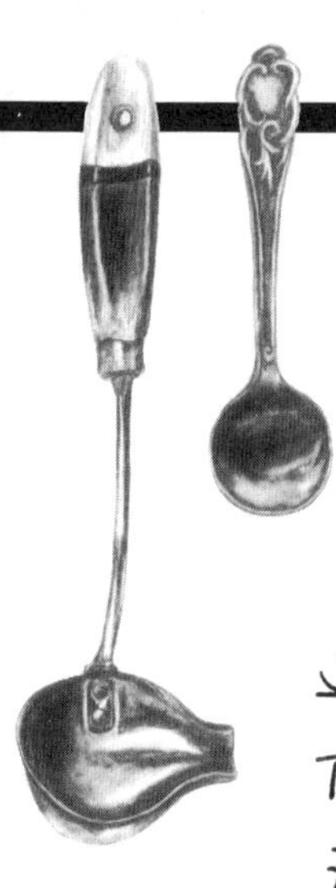

Schwarz-Weiß-Kränzchen

Teig: 250g Weizenmehl, 1 gestr. Teelöffel Backpulver, 75g Zucker, 1 P. Vanillinzucker, 1 Ei, 125g Margarine; 1 gestr. Eßl. Kakao, 1 Teel. Milch. Zum Bestreichen: etwas Dosenmilch.

Das mit Backpulver gemischte Mehl auf die Tischplatte sieben. In die Mitte eine Vertiefung drücken, Zucker, Vanillinzucker und Ei hineingeben und mit einem Teil des Mehls zu einem dicken Brei verarbeiten. Darauf die in Stücke geschnittene kalte Margarine geben, sie mit Mehl bedecken und von der Mitte aus alle Zutaten schnell zu einem glatten Teig verkneten. Unter die Hälfte des Teiges den Kakao und die Milch kneten. Die Teige jeweils in kleinen Portionen zu bleistiftdicken Rollen formen und in etwa 12 cm lange Stücke schneiden. Jeweils ein helles und ein dunkles Stück umeinanderschlingen, als Kränzchen auf ein gefettetes Backblech legen und mit Dosenmilch bestreichen. Im vorgeheizten Ofen bei 175–200°C 15–20 Minuten backen.

Sonnenblumenplätzchen

125g Butter, 100g Zucker, 1 P. Vanillinzucker, 1 Ei, 50g Vollkornmehl, 1 Teel. Backpulver, 100g gehackte Sonnenblumenkerne, 150g mittelfeine Haferflocken, etwas Bittermandelöl.

Butter, Zucker, Vanillinzucker und das Ei schaumig rühren. Mehl, Backpulver, Sonnenblumenkerne, Haferflocken und Öl unterkneten. Kleine Kugeln auf ein Blech drücken. Im vorgeheizten Backofen bei 250°C 11 Minuten backen, (mittlere Schiene).

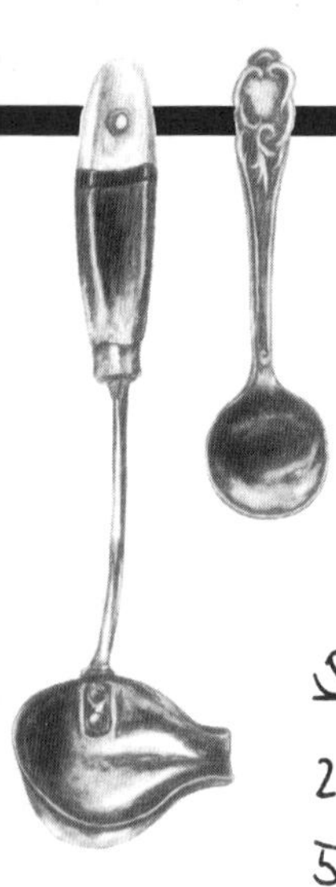

Schweizer Haferplätzchen

200 g Haferflocken, 250 g Zucker, 0,2 l Sahne, 50 g weiche Butter, 1 Ei, abgeriebene Schale einer 1/2 Zitrone, 280 g Mehl, 1 Eßl. Backpulver, 1-2 Eigelb zum Bestreichen.

Haferflocken und Zucker in einer Schüssel mischen, Sahne darübergießen, durchrühren und mit Folie abgedeckt über Nacht quellen lassen. Am nächsten Tag die Butter schaumig rühren, das Ei verquirlen, beides unter die gequollenen Haferflocken rühren. Zitronenschale, Mehl und Backpulver darunterkneten, den Teig 1/2 Stunde zugedeckt ruhen lassen, dann auf einer bemehlten Arbeitsfläche etwa 2 mm dick ausrollen. Plätzchen in beliebigen Formen ausstechen, auf ein mit Backpapier ausgelegtes Blech legen, mit Eigelb bestreichen

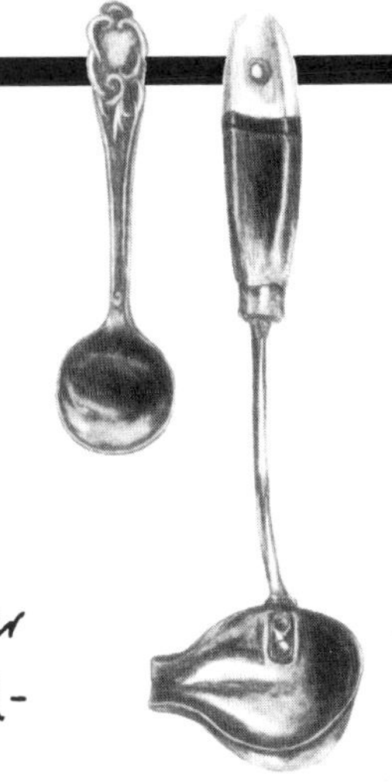

und im vorgeheizten Backofen auf mittlerer Schiene bei 200°C in 10-12 Minuten goldgelb backen.

Süße Kugeln

375 g Margarine oder Butter, 250 g Zucker, 2 Eier, 1 Prise Salz, 500 g Mehl, 1 P. Backpulver, Hagelzucker.

Fett, Zucker, Eier und Salz verrühren. Das mit Backpulver vermischte Mehl unterkneten, Teig kühlstellen. Kleine Kugeln formen, die Oberseite mit Hagelzucker bestreuen. Kugeln auf ein gefettetes Backblech setzen. Bei 160°C ca. 20-25 Minuten backen.

Sirupknusperle

375g Sirup, 50g Zucker, 100g Margarine, 1 geh. Teel. Zimt, 1 gestr. Teel. gemahlene Nelken, 1 Messerspitze gemahlene Muskatblüte, 1 Messerspitze gemahlner Kardamom, 500 g Weizenmehl, 2 gestr. Teel. Backpulver.

Sirup, Zucker und Fett langsam erwärmen, zerlassen, in eine Rührschüssel geben und kaltstellen. Unter die fast erkaltete Masse nach und nach die Gewürze und 2/3 des mit Backpulver gemischten und gesiebten Mehls darunter kneten. Den Rest des Mehls ebenfalls unter die Masse kneten. Den Teig in kleinen Portionen sehr dünn ausrollen, Plätzchen ausstechen und auf ein gefettetes Backblech legen. Strom: 175-200°C (vorgeheizt). Backen: 5-7 Minuten.

Spritzgebäck

Für den Rührteig: 300 g weiche Butter oder Margarine, 100g Puderzucker, 2 P. Vanillinzucker, 1/2 Teel. Salz, abgeriebene Schale einer unbehandelten Zitrone, 2 Eier, 400g Mehl, 1 geh. Teel. Backpulver. Nach Belieben: 150g Kuvertüre.

Fett schaumig rühren. Gesiebten Puderzucker nach und nach zufügen. Gewürzzutaten und Eier nacheinander unterrühren. Mehl und Backpulver mischen und unterrühren. Den Teig in einen Spritzbeutel mit Sterntülle geben. Auf ein mit Backpapier ausgelegtes Backblech S-Formen, Kränze oder andere Figuren spritzen. Im vorgeheizten Backofen bei 180°C ca. 12 Minuten goldgelb backen. Spritzgebäck abkühlen lassen und nach Belieben zur Hälfte in aufgelöste Kuvertüre tauchen.

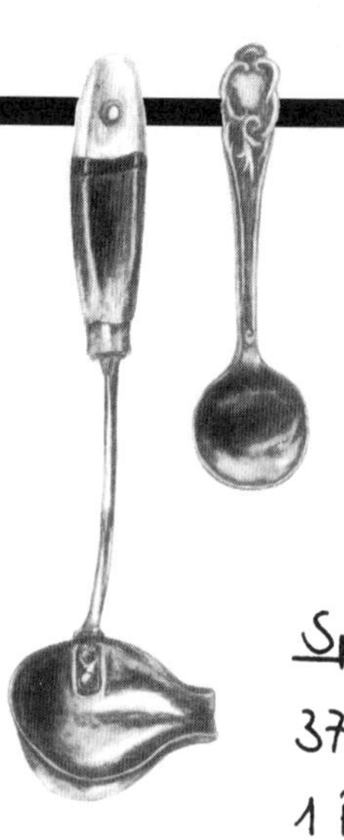

Spitzbuben

375 g Weizenmehl, 3 g Backpulver, 200 g Zucker, 1 P. Vanillinzucker, 1/2 Fl. Arrak-Aroma, 250 g Butter, 125 g gemahlene, ungeschälte Mandeln, 125 g Johannisbeergelee.

Mehl und Backpulver werden gemischt und auf ein Backbrett gesiebt. In die Mitte wird eine Vertiefung gedrückt, Zucker, Vanillinzucker und Arrak-Aroma werden hineingegeben. Darauf gibt man das in Stücke geschnittene Fett und die gemahlenen Mandeln, bedeckt sie mit Mehl, drückt alles zu einem Kloß zusammen und verknetet von der Mitte aus alle Zutaten schnell zu einem glatten Teig. Der Teig wird dünn ausgerollt, mit einem kleinen, runden Förmchen ausgestochen und auf ein gefettetes Backblech gelegt.

Backzeit: etwa 10 Minuten bei starker Hitze.
Nach dem Backen bestreicht man die Hälfte der erkalteten Plätzchen auf der Unterseite mit Johannisbeergelee und legt die übrigen mit der Unterseite darauf.

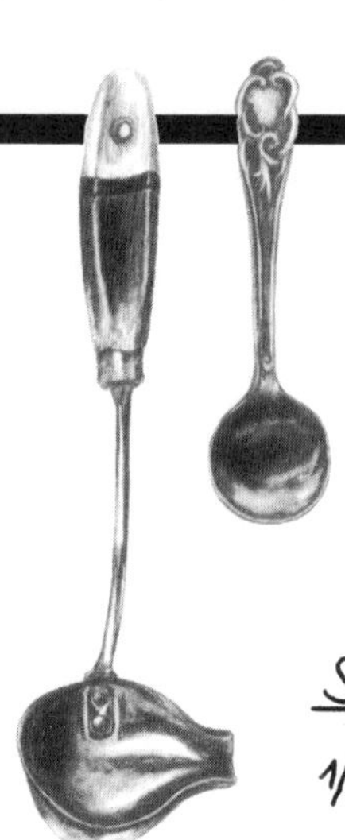

Spritzgebäck in Fett

1/4 Liter Wasser, 100 g Butter, 300 g Mehl, 1 Ei, 4 ganze Eier, 1 Geschmackszutat, 2-4 Eßl. Rum, etwas flüssige Butter, Zucker und Zimt oder Vanillinzucker.

Man bringt das Wasser zum Kochen, gibt Butter hinein und backt mit Mehl zum Kloße ab und rührt 1 Ei dazu. An den abgekühlten Kloß rührt man 4 Eier, Geschmackszutat und Rum. Dann schneidet man sich einen 10cm breiten, längeren Pergamentstreifen, bestreicht ihn mit flüssiger Butter, spritzt darauf Formen und legt sie mittels des Papieres auf das siedende Fett, wobei das Gespritzte sich löst. Das Gebäck wird hellbraun gebacken, herausgenommen und in Zucker mit Zimt oder Vanillinzucker gewendet.

Spekulatius

500 g Mehl, 2 gestr. Teel. Backpulver, 250 g brauner Zucker / Kandisfarin, 1 P. Vanillinzucker, je 2 Messerspitzen gemahlene Nelken und gemahlener Kardamom, 1 gestr. Teel. gemahlener Zimt, 2 Eier, 200 g Butter oder Margarine, 100 g gemahlene Haselnußkerne.

Mehl und Backpulver vermischen und auf ein Backbrett sieben. In die Mitte eine Vertiefung eindrücken. Zucker, Gewürze und Eier hineingeben, darauf das in Stücke geschnittene kalte Fett und die gemahlenen Haselnußkerne geben. Alle Zutaten von der Mitte aus zu einem glatten Teig verkneten und 1 Std. kaltstellen. Den Teig dünn ausrollen, mit beliebigen Formen ausstechen und auf ein gefettetes Blech legen, mit dünnem Zuckerwasser bestreichen und bei 180-200°C 10-15 Min. backen.

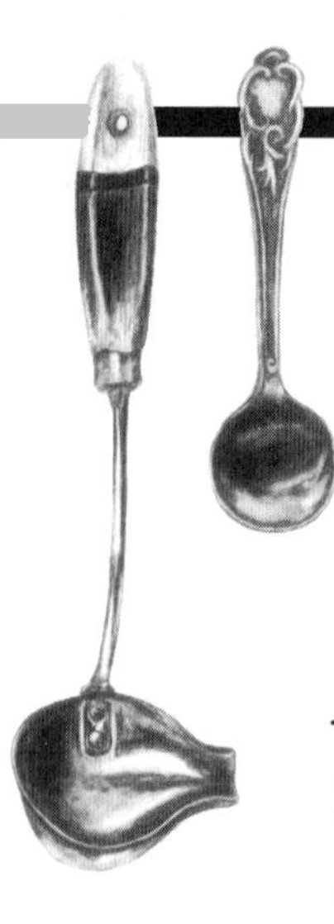

Spekulatius-Plätzchen

3 Pfund Mehl, 1 1/2 Pfund Zucker, 200 g weiche Butter in Flöckchen, 3/8 Liter Milch, 1/2 abgeriebene Muskatnuß, etwas Zitronen-Aroma, 1-2 Eier, 1 Teel. Hirschhornsalz.

Mehl auf eine Arbeitsplatte streuen, in die Mitte eine Vertiefung machen, rundherum Zucker und Butter streuen. In die Mitte Milch, Muskatnuß, Aroma, Eier und Salz geben. Von der Mitte aus den Teig verrühren und ihn kneten, ausrollen und mit Blech- oder Holzformen Plätzchen ausstechen.

Zimtspekulatius

250g Mehl, 125g Butter, 250g Zucker, 1 Ei, 1 Prise Salz, 1 Teel. Zimt, abgeriebene Schale einer halben Zitrone.

Aus den angegebenen Zutaten einen Mürbeteig herstellen und 1 Std. im Kühlschrank ruhen lassen. Danach ausrollen, verschiedene Formen ausstechen und auf leicht gefettetem Blech hell backen. Backen: 10-15 Minuten bei 180-200°C.

Spekulatien auf andere Art

1 Pfund Mehl, 400g Zucker, 1 Pfund Butter, 3 Eier, 2 g Zimt, eine Zitronenschale, 1 Teel. Backpulver.

Die Butter wird in Stückchen geschnitten, mit den übrigen Zutaten zu einem festen Teig verarbeitet, den man über Nacht kaltstellt. Den Teig am nächsten Tag ausrollen und zu verschiedenen Formen ausstechen.

Mandelspekulatius

375 g Mehl, 200 g Butter, 150 g Zucker, 100 g geschälte, geriebene Mandeln, 2 Eier, 1 P. Vanillinzucker, 1 Messerspitze Zimt, je 1 Prise Salz, Nelkenpulver und Muskatblüte.

Alle Zutaten zu einem Mürbeteig verkneten und 1 Std. kaltstellen. Den Teig etwa 2 mm dick ausrollen, beliebig ausformen. Die Plätzchen auf ein leicht gefettetes, mit Mandelblättchen bestreutes Backblech legen und hellbraun backen. Backen: 10-15 Minuten bei 180-200°C.

Stutenkerl

1½ Pfund Mehl, 50 g Hefe, ¼ l Milch, 4 Eßl. Butter, 3 Eßl. Zucker, etwas Salz, 2 Eier; zum Verzieren: Rosinen.

Hefe mit einem bißchen handwarmer Milch und einem Eßlöffel Zucker verrühren. Mehl in eine Schüssel geben, in die Mitte eine Vertiefung drücken und die aufgelöste Hefe hineinfüllen. Etwas Mehl darüberstreuen, abdecken, warmstellen und 20 Minuten gehen lassen. Milch mit Butter, Zucker und Salz erwärmen, mit dem Teig verrühren und zuletzt die Eier hinzutun. Nun den Teig mit einem Holzlöffel so lange schlagen, bis er Blasen wirft und nicht mehr klebt. Den Teig wieder 20 Minuten gehen lassen. Rosinen abwaschen. Tischplatte mit Mehl be-

streuen, den Teig einen halben Finger dick ausrollen. Die Stutenkerle mit einem Messer ausschneiden. Blech mit Speck einreiben, etwas Mehl darüberstreuen und die Figuren darauflegen. Rosinen als Augen, Mund und Knöpfe in den Teig drücken und in gut 20 Minuten im heißen Ofen backen.

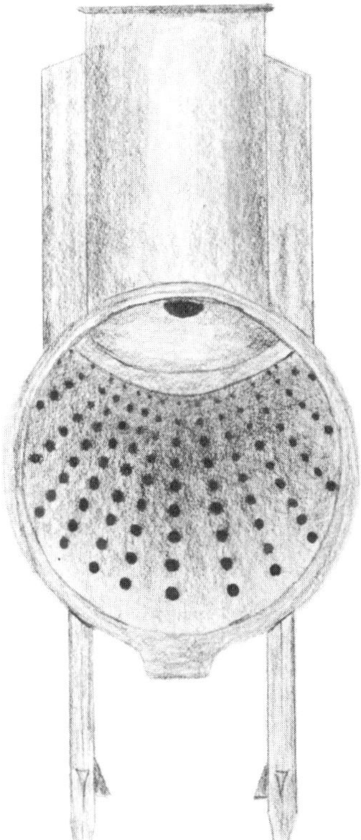

T

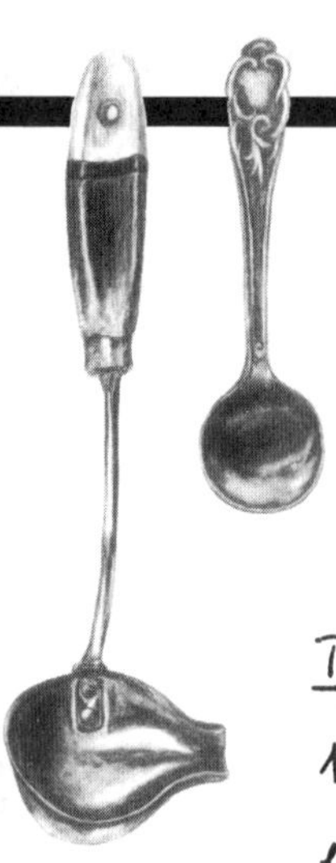

Tante Hanna Plätzchen

100 g Butter, 125 g Zucker, abgeriebene Schale einer Zitrone, 1 Ei, 1/2 P. Backpulver, 125 g Mehl, 125 g Speisestärke.

Die Butter schaumig rühren, nach und nach Zucker dazugeben, ebenso Ei und Zitronenschale. Anschließend auch das Mehl und die Speisestärke, sowie das Backpulver. Aus dem Teig kleine Kugeln formen und auf ein gefettetes Backblech legen. Bei 180°C 10 Minuten backen.

Terrassen

150 g Butter oder Margarine, 60 g feinster Zucker, 1 Ei, 1 Eßl. Rum; Füllung: Johannisbeergelee; zum Bestäuben: Puderzucker.

Alle Zutaten schnell zu einem Teig verkneten und mindestens 1 Std. kaltstellen. Den Teig dünn ausrollen, in drei Größen runde, gezackte Plätzchen ausstechen und auf ein gefettetes, mit Mehl bestäubtes Backblech geben. Backen: 8-10 Minuten bei 180-200°C. Nach dem Erkalten die Plätzchen mit Gelee bestreichen, zu Terrassen aufeinandersetzen und dick mit gesiebten Puderzucker bestreuen.

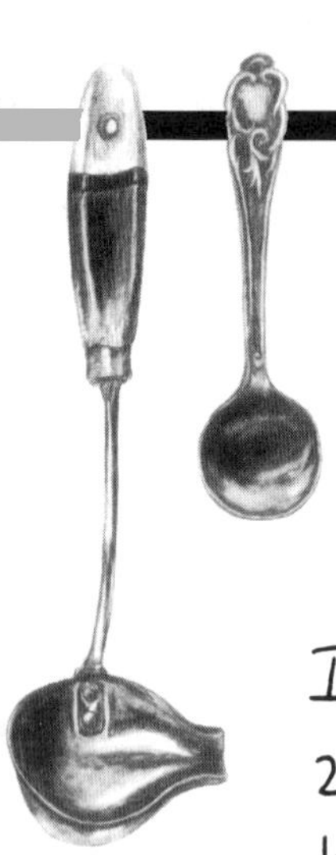

Teufelsschmatzer

250 g Butter, 100 g Puderzucker, 100 g geriebene bittere Schokolade, 60 g Mehl, 250 g Speisestärke. Butter und Zucker schaumig rühren, nach und nach die Schokolade und das mit Speisestärke gemischte Mehl dazugeben und gut verrühren. Aus dem Teig kleine Kugeln formen, an den Seiten etwas hochdrücken, nicht zu dicht auf das gefettete und bemehlte Blech setzen. Bei 190-200°C 10-15 Minuten backen. Vorsichtig abnehmen.

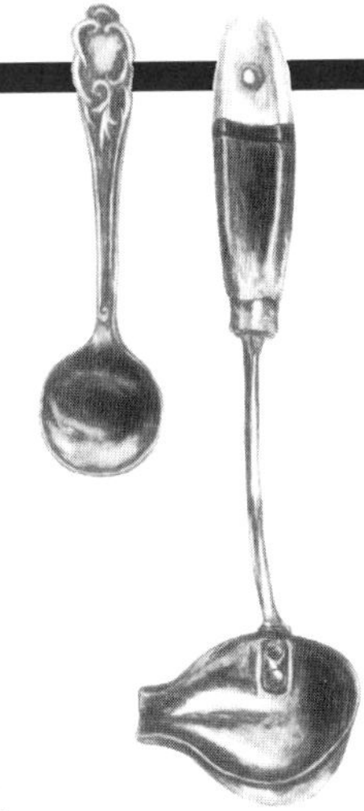

Teebretzel

500 g Mehl, 250 g Zucker, 200 g Butter, 2 ganze Eier, 2 Eigelb, 6 Eßl. Milch, 1 P. Backpulver, abgeriebene Schale einer Zitrone.
Die Zutaten zu einem Teig verarbeiten, daraus Bretzel formen, in Zucker wenden und bei mäßiger Hitze backen.

Tiroler Schnitten

250 g Butter, 250 g geriebene Mandeln, 125 g Zucker, 4 Eidotter, 1 Glas Rheinwein, 250 g Mehl, 1/2 Teel. Zitronenschale, 2 Teel. Anis.
Aus diesen Zutaten bereitet man einen Teig. Man rollt ihn aus, zerschneidet ihn in schräge Vierecke, bestreicht diese mit Ei, bestreut sie mit Zucker und bäckt diese bei mäßiger Hitze goldbraun.

Vanillebrezel

125 g Butter, 1 Ei, 125 g Zucker, 250 g Mehl, Vanille.
Die Butter wird mit Ei und Zucker schaumig gerührt. Man gibt Mehl und Vanille hinzu und rollt kleine Brezel, die man entweder vor dem Backen mit Eigelb bepinselt oder nach dem Backen mit Zuckerglasur bzw. mit flüssiger Schokolade überzieht. Backzeit: ca. 15-25 Minuten bei mittlerer Hitze.

Vanillekipferl

250 g Mehl, 1/2 P. Backpulver, 125 g Zucker, 1 P. Vanillinzucker, 3 Eigelb, 200 g kalte Margarine, 125 g gemahlene Mandeln.

Mehl mit Backpulver mischen, auf die Tischplatte sieben, in die Mitte eine Vertiefung drükken. Zucker, Vanillinzucker und Eigelb hineingeben, mit einem Teil des Mehls zu einem dicken Brei verarbeiten. Margarine in Stücke schneiden und mit Mandeln auf den Brei geben, mit Mehl bedecken, zu einem Teig verkneten. Aus dem Teig eine Rolle formen, in Stücke schneiden (ca. 2-3 cm), diese zu Röllchen formen (ca. 5 cm lang), die Enden etwas dünner rollen, zu Hörnchen formen. Bei mäßiger Hitze 10 Minuten backen. Noch warm mit Puderzucker bestäuben.

Vanillekipferl für die schlanke Linie

220 g Mehl, 100 g geriebene Mandeln, 1 Ei, Mark einer halben Vanilleschote, 2 Teel. flüssiger Süßstoff, 1/2 Fl. Vanille-Aroma, 175 g kalte Butter, 2–3 Eßl. Streusüße, 25 g Mehl.

Die ersten 6 Zutaten in eine Schüssel geben. Butter flöckchenweise darauf verteilen. Alles rasch zu einem glatten Teig verarbeiten. Zugedeckt 30 Minuten im Kühlschrank ruhen lassen. Löffelweise auf bemehlter Fläche zu etwa 5 cm langen fingerdicken Rollen formen, die an den Enden etwas dünner werden. Zu Hörnchen biegen, auf das mit Backpapier belegte Blech setzen. Im vorgeheizten Ofen bei 175° C in 15–18 Minuten hellgelb backen. Noch heiß mit Streusüße überpudern. Pro Stück etwa 65 Kalorien.

Vanilleplätzchen

250 g Haferflocken, 200 g Zucker, 1 P. Vanillinzucker, das Mark von 1/2 Vanilleschote, 100 g Mehl, 1 Teel. Backpulver, 100 g Butter, 2 Eier, Puderzucker, Hagelzucker.

Haferflocken, Zucker, Vanillinzucker, Vanillemark, Mehl, Backpulver, Butter und Eier zu einem Teig verkneten. 1/2 Stunde abgedeckt ruhen lassen, ausrollen und Motive ausstechen. Backzeit: 10-15 Minuten bei 175 °C auf der 2. Schiene von oben. Plätzchen auskühlen lassen und mit Puderzucker oder Hagelzucker verzieren.

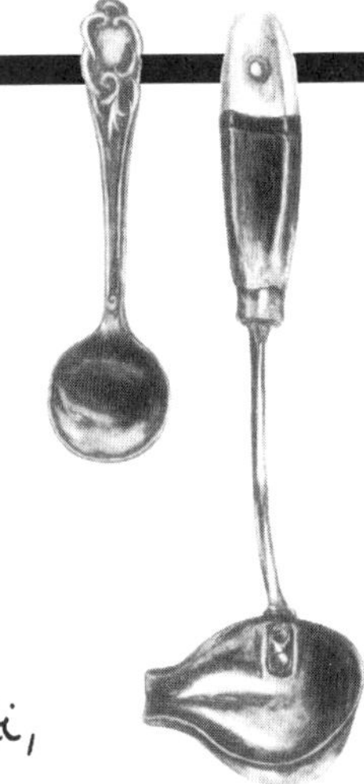

Vollkorn-Knabbertaler

500 ml Wasser, 90 g Margarine, 1 Teel. Salz, 1 Ei, 320 g Weizenvollkornmehl, 2 Eigelb, Kümmel o. Sesam o. Käse.

Wasser mit Margarine und Salz zum Kochen bringen. Mehl auf einmal dazugeben. Mit einem Kochlöffel so lange umrühren, bis die Masse sich als Kloß zusammenballt und vom Boden löst. Dabei muß sich am Topfboden eine dünne Haut bilden. Den Topf vom Herd nehmen, sofort 1 Ei unter den Teig rühren. Die Masse abkühlen lassen, walnußgroße Stücke nehmen, auf einem bemehlten Brett dünn ausrollen und auf ein gefettetes Backblech legen. Mit einer Gabel 2x einstechen. Die Taler in der Mitte mit Eigelb bestreichen und nach Belieben mit Kümmel, Käse oder Sesam bestreuen. Bei 200°C ca. 20 Min. backen.

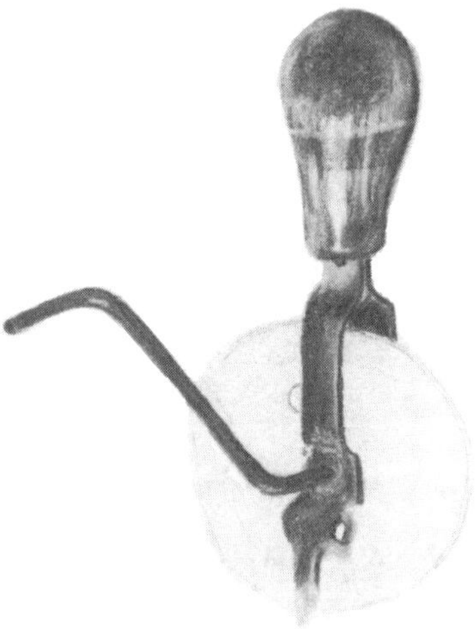

W

Kandierte Walnüsse auf Marzipan

100 g Marzipanrohmasse, etwas Puderzucker zum Ausrollen, 75 g Zucker, 40 g Walnüsse (ca. 15 Hälften).

Marzipanrohmasse auf wenig Puderzucker ausrollen und kleine Formen ausstechen. Zucker in einer Pfanne schmelzen und goldgelb werden lassen, vom Herd nehmen und sofort Walnußhälften darin wälzen (mit Hilfe von 2 Teel., muß sehr schnell gehen) und gleich auf die Marzipanplätzchen setzen, erkalten lassen.

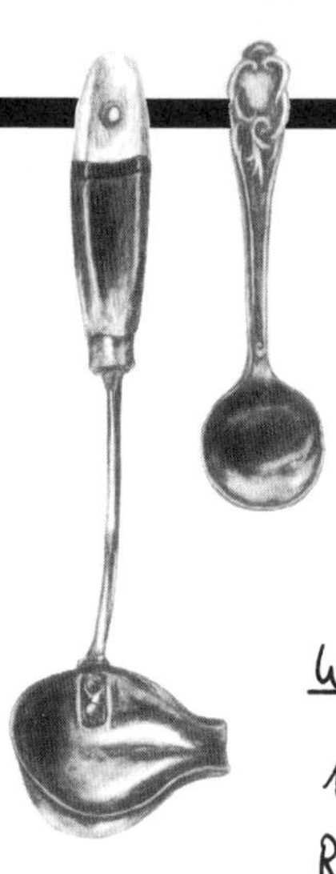

Walnuß-Sesam-Konfekt

100 g kernige Haferflocken, 75 g Gerstenflocken, 50 g Rosinen, 200 g Walnußkerne, 100 g flüssiger Honig, 75 g Sesamnuss, 75 ml Apfelsaft.

Beide Flockensorten, Rosinen, 50 g gehackte Walnüsse, Honig, Sesamnuss und Apfelsaft verkneten. Kugeln formen, flach drücken und mit je einer Walnuß belegen. Über Nacht trocknen lassen.

Windbeutel

1/4 l Wasser, 250 g Butter, 250 g Mehl, 4 Eier, 1 Prise Salz.

Wasser mit Butter aufkochen, Mehl dazugeben, kräftig rühren bis ein Kloß entsteht. Kloß in eine Schüssel geben, nach und nach Eier dazugeben und Salz. Bei ca. 225 °C auf der untersten Schiene ca. 20 Minuten backen.

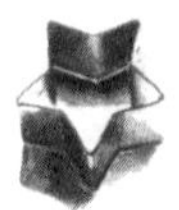

Warnemünder Kiesel

500g Mehl, 150g Butter oder Margarine, 3-4 Eier, Saft und abgeriebene Schale einer Zitrone, 1 gestr. Teel. Kardamom, ½ Teel. Hirschhornsalz oder 1 gestr. Teel. Backpulver, 500g Grümmel. Alle Zutaten schnell zu einem Teig verkneten, zuletzt den Grümmel unterkneten. Aus dem Teig walnußgroße Kugeln formen und auf ein gefettetes Backblech legen. Backen: 10-12 Minuten bei 175-200°C.

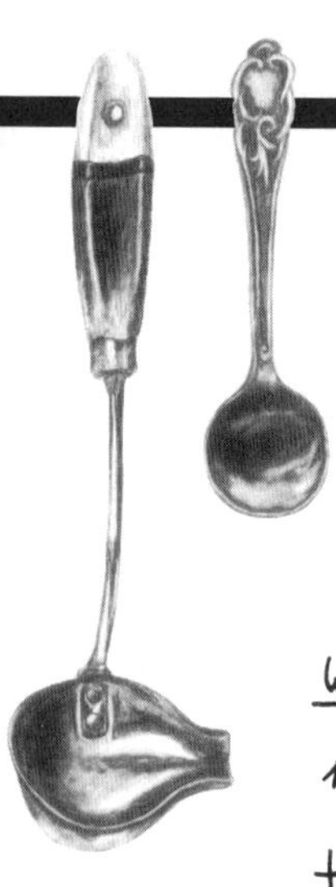

Weihnachtsgebäck

1/2 Pfund Butter, 1/2 Pfund Zucker, Vanille-oder Zitronengewürz, 9 Eier, 1 Teel. Hirschhornsalz, 3 1/2-4 1/2 Pfund Mehl.

Butter schaumig rühren und die anderen Zutaten hinzurühren. Den ausgerollten Teig mit Blechförmchen ausstechen. Die Plätzchen mit Eigelb bestreichen und mit Zucker bestreuen.

Weihnachtsplätzchen

1/2 Pfund Butter, 1 Ei, 3 P. Vanillinzucker, 200g Puderzucker, 500 g Mehl, 1/2 P. Backpulver, 1 P. Vanillesoßenpulver.

Zutaten zu einem Teig vermengen, ausrollen und Motive ausstechen. Ca. 10-15 Minuten bei mäßiger Hitze backen.

Wespennester

250 g Mandeln, 200 g Puderzucker, 3 Eiweiß, 1 Prise Salz, 125 g Schokolade.

Die Mandelstifte mit der Hälfte des Zuckers anrösten. Das Eiweiß mit Salz zu steifem Schnee schlagen, den restlichen Zucker nach und nach zugeben. Die Schokolade grob hacken, mit den gerösteten Mandelstiften mischen. Die Schoko-Mandel-Masse unter den Eischnee geben und in den Kühlschrank stellen, nach einigen Minuten kleine Makronen auf ein gefettetes, mit Mehl bestäubtes Blech setzen. Backzeit: 20-25 Minuten, bei 140-150°C.

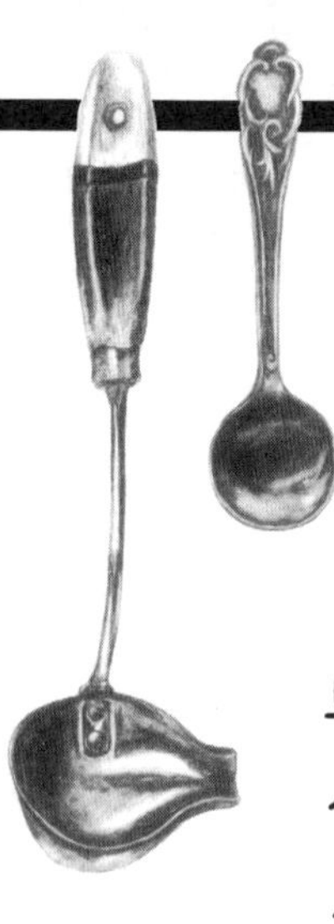

Wiener Gipfel

140 g Butter, 70 g Zucker, 170 g Mehl, 70 g geriebene Mandeln, 1 P. Vanillinzucker.
Butter zu Sahne schlagen. Übrige Zutaten hinzufügen, zu einem Teig vermengen. Anschließend kleine Hörnchen formen. Backzeit: 15 Minuten bei 215° C auf mittlerer Schiene Hörnchen hell backen.

Wiener Kipferl

120g Butter, 170g Mehl, 70g Zucker, 70g feingeriebene Mandeln, Puder- oder Vanillezucker zum Bestreuen.

Die Butter wird sahnig gerührt und mit den übrigen Zutaten zu einem weichen Teig verarbeitet. Aus dem Teig formt man 3-5 cm lange Röllchen, die man wie Hörnchen biegt, dann hellgelb backen läßt und nach dem Erkalten mit Puderzucker bestäubt oder in Vanillezucker wendet.

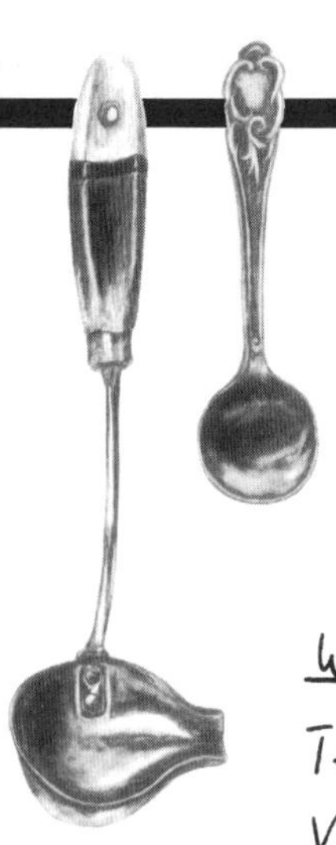

Wiener Teegebäck

Teig: 250 g Mehl, 1 Ei, 1 Eigelb, 75 g Zucker, 1 P. Vanillinzucker, 150 g Butter oder Margarine,
Streusel: 100 g Mehl, 50 g Zucker, 1 Prise Zimt, 50 g Butter oder Margarine, zum Bestreichen: 1 Eiweiß.

Das Mehl auf ein Backbrett sieben, in die Mitte eine Vertiefung drücken und die Eier hineingeben. Zucker und Vanillinzucker darüberstreuen und das Fett in Flöckchen auf dem Mehlkranz verteilen. Alle Zutaten rasch miteinander verkneten und den Teig 30 Minuten kühl ruhen lassen. Für die Streusel das Mehl mit Zucker, Zimt und dem zerlassenen Fett verkneten. Den Teig ausrollen, Plätzchen von ca. 3 cm Ø ausstechen, mit Eiweiß bestreichen, mit Streuseln belegen und 8-15 Minuten backen.

Wolkenplätzchen

Für den Teig: 1 Backmischung Butterspritzgebäck (500g), 250g Butter oder Margarine, 1 Ei, abgeriebene Schale von 1 unbehandelten Orange, Mark von 1 Vanilleschote, 1 P. Bourbonvanillezucker, 100g gemahlene Mandeln. Außerdem: 300g Puderzucker, 2 Eßl. Curaçao bleu, ca. 4 Eßl. Orangensaft, ca. 30g Kokosraspeln.

Teigzutaten in eine Rührschüssel geben und zu einem glatten Teig verkneten. Abdecken und ca. 2 Std. kaltstellen. Teig portionsweise zwischen zwei Lagen bemehlter Folie (am besten Folienschlauch) ca. 1/2 cm dick ausrollen. Teig zwischendurch kaltstellen. Aus dem Teig mit einem runden Ausstecher (ca. 6-7 cm Ø) Plätzchen ausstechen und halbieren. Auf ein mit Backpapier belegtes Backblech legen. Im

vorgeheizten Backofen bei 175°C ca. 10-12 Minuten backen. Herausnehmen und auf einem Kuchengitter auskühlen lassen. Puderzucker, Curaçao bleu und Orangensaft zu einem glatten Guß verrühren. Die Wolkenplätzchen damit bepinseln. Kokosraspeln darüberstreuen. Guß fest werden lassen.

Würzige Printen

Teig: 200g Sirup, 50g Honig, 50g Margarine, 50g brauner Kandiszucker, 50g Rohzucker, 1 gestr. Teel. Zimt, 1/2 gestr. Teel. gemahlene Nelken, 1/2 Teel. Anissamen, 1 Messerspitze gemahlene Muskatblüte, 1 Messerspitze gemahlener Ingwer, 1 Messerspitze Kardamom, 30g feingehacktes Orangeat, 300g Weizenmehl, 3 gestr. Teel. Backpulver. Zum Bestreichen: etwas Dosenmilch.

Sirup, Honig und Margarine langsam erwärmen, zerlassen, in eine Rührschüssel geben und kaltstellen. Unter die fast erkaltete Masse den Kandiszucker, den Rohzucker, die Gewürze, das Orangeat und nach und nach 2/3 des mit Backpulver gemischten und gesiebten Mehls rühren. Den Rest des Mehls darunter kneten. Den Teig etwa 1/2 cm dick ausrollen, in Recht-

ecke von etwa 2 1/2 x 7 cm schneiden, auf ein gefettetes Backblech legen und mit Dosenmilch bestreichen. Strom: 175-200°C (vorgeheizt). Backzeit: ca. 10 Minuten.

Z

Zimtlederli

250g Zucker, 250g ungeschälte geriebene Mandeln, 2 Eiweiß, 15g Zimt, 2 Eßl. Zimtwasser, Mehl nach Bedarf.

Die Eiweiß werden zu Schnee geschlagen, mit den Mandeln, dem Zucker, Zimt und Zimtwasser vermengt. Dann wird so viel Mehl hinein gegeben, daß der Teig ausgewellt und entweder in schmale Rechtecke geschnitten oder mit Blechförmchen ausgestochen werden kann. Man backt sie auf einem gut gefetteten und mehlbestaubtem Blech bei guter Hitze.

Zimt-Mandel-Sterne

3 Eier, 300 g Zucker, 1 P. Vanillinzucker, 500 g gemahlene Mandeln, 1 Teel. Zimt, 100 g Raspelschokolade, 1 Schnapsglas Kirschwasser, 1 Prise Salz, Puderzucker.

Eier, Zucker und Vanillinzucker schaumig rühren, übrige Zutaten hinzufügen (außer Puderzucker) und alles gut vermischen. Den Teig 1 Stunde in Alu-Folie gewickelt im Kühlschrank ruhen lassen. Anschließend wird er ausgerollt und die Sterne ausgestochen. Backzeit: 10-15 Minuten bei 180° C. Plätzchen auskühlen lassen und mit Puderzucker bestäuben.

Zimtplätzchen

2 Eiweiß, 125g Puderzucker, 1-2 Teel. Zimt, 150g Blütenzarte Kölln Flocken, 60g weiche Butter, Butter und Kölln Flocken für das Blech.

Eiweiß mit gesiebten Puderzucker schaumig schlagen. Zimt, Flocken und Butter unterrühren. Ein Backblech leicht einfetten und mit Flocken bestreuen. Mit zwei Teelöffeln kleine Häufchen auf das Blech setzen. Im vorgeheizten Ofen bei 160°C 20 Minuten backen. Nach dem Backen ca. 10 Minuten auf dem Blech ruhen lassen. Die Plätzchen dann zum Abkühlen auf ein Kuchengitter legen.

Zimtstangen

75 g Butter oder Margarine, 75 g Zucker, 1 Ei, 150 g Mehl, 1 Teel. Zimt, 75 g Mandeln, 2 Eßl. Zucker.

Butter oder Margarine schaumig rühren und löffelweise den Zucker dazurühren. Das Ei hinzugeben. Das Mehl sieben, mit Zimt und abgezogenen, gemahlenen Mandeln mischen und nach und nach unter die Schaummasse rühren. Den Teig zum Schluß kneten und kaltstellen. Danach vorsichtig ausrollen, in Streifen von etwa 2 cm Breite und 6 cm Länge teilen, mit Zucker bestreuen und auf einem ungefetteten Blech 8-15 Minuten backen.

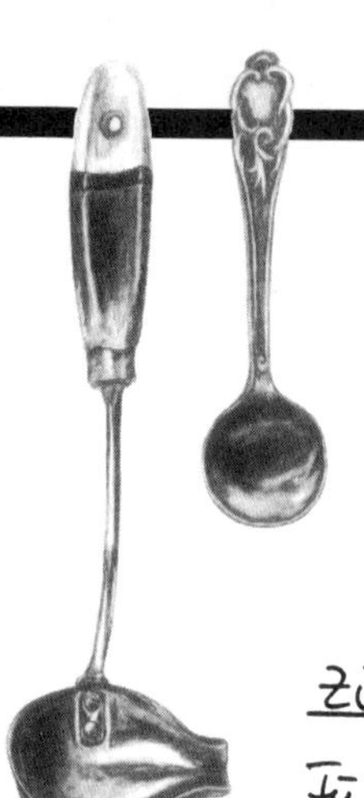

Zimtsterne

Für den Knetteig 3 Eier, 300 g Zucker, 1 P. Vanillinzucker, 625 g gemahlene Mandeln, 50 g Mehl, 2 Teel. Zimt. Außerdem: 1 Eiweiß, 100 g Puderzucker. Eier, Zucker und Vanillinzucker mit dem Schneebesen schaumig schlagen. Mehl, Mandeln und Zimt unterkneten. Teig auf Plastikfolie ausrollen und Sterne ausstechen. Eiweiß steif schlagen, Puderzucker untermischen. Sterne mit der Eiweißmasse bestreichen. Auf ein mit Backpapier belegtes Backblech setzen. Im vorgeheizten Backofen bei 150° C ca. 10-15 Minuten backen.

Zitronenlaiber

75 g Butter, 150 g Zucker, Saft und Schale einer halben Zitrone, 2 Eier, 250 g Mehl.

Butter mit Zucker schaumig rühren, nach und nach Zitronensaft- und schale, Eier und löffelweise das Mehl dazugeben. Alles zu einem Teig rühren. Mit zwei Teelöffeln kleine Häufchen auf ein gefettetes Backblech setzen und bei 175 - 185° C 20 - 25 Minuten hellgelb backen.

Abwandlung: Die Zitronenlaiber mit Zitronenglasur überziehen.

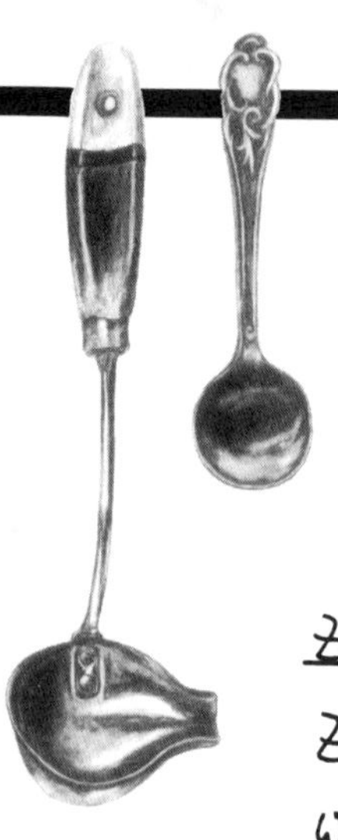

Zuckergebäck I

Zucker, abgeriebene Zitronenschalen, Orangenblütenwasser.

Soviel Zucker, als 6 Eier schwer sind, rührt man mit den anderen beiden Zutaten 1/2 Stunde. Dann bestreicht man die Kuchenplatte mit Wachs, reibt sie mit Löschpapier ab, gibt die Kuchenmasse ganz dünn darauf und läßt sie im Backofen trocknen. Schneidet anschließend die Masse in Streifen, die auf ein Hölzchen gerollt werden.

Zuckergebäck II

1/2 Pfund Zucker, 1 Pfund Mehl, 1/2 Pfund Butter, 4 Eigelb, etwas abgeriebene Zitronenschale, Zimt.

Die Zutaten werden gut vermischt und zu einem Teig geknetet. Dieser wird ausgerollt und auf der Kuchenplatte gebacken.

Zuckerkringel

Für den Mürbeteig: 350 g Mehl, 200 g Butter oder Margarine, 150 g Zucker, 2 Eigelb, abgeriebene Schale von 2 unbehandelten Zitronen. Zum Verzieren: 1 Ei, 50 g bunter Zucker oder Hagelzucker, 50 g gemahlene Mandeln.

Aus Mehl, Fett, Zucker, Eigelb und Zitronenschale einen Mürbeteig bereiten. Ca. 1/2 Std. kaltstellen. Teig portionsweise auf einer bemehlten Arbeitsfläche ca. 1/2 cm dick ausrollen. Kringel von ca. 5 cm Ø ausstechen. Mit verquirltem Ei bestreichen. Zucker und Mandeln mischen und über die Kringel streuen. Zuckerkringel auf ein mit Backpapier belegtes Backblech legen. Im vorgeheizten Backofen auf der 2. Schiene von unten bei 200°C ca. 10-15 Minuten backen.

Zwiebackgebäck

6 geriebene Zwiebäcke, 100 g Mehl, 150 g Zucker, 4 Eigelb, 180 g Butter, etwas Zimt, Nelkenpfeffer und abgeriebene Zitronenschale.

Zwiebäcke mit Mehl und den anderen Zutaten zu einem Teig verkneten. Diesen ausrollen, zu Kränzchen ausstechen, mit Eigelb bestreichen und backen.

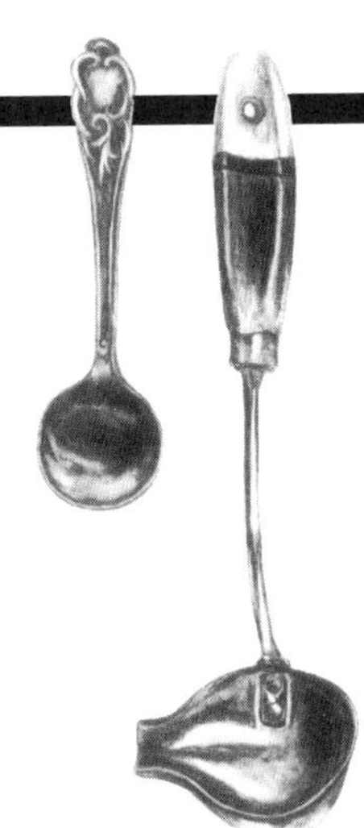

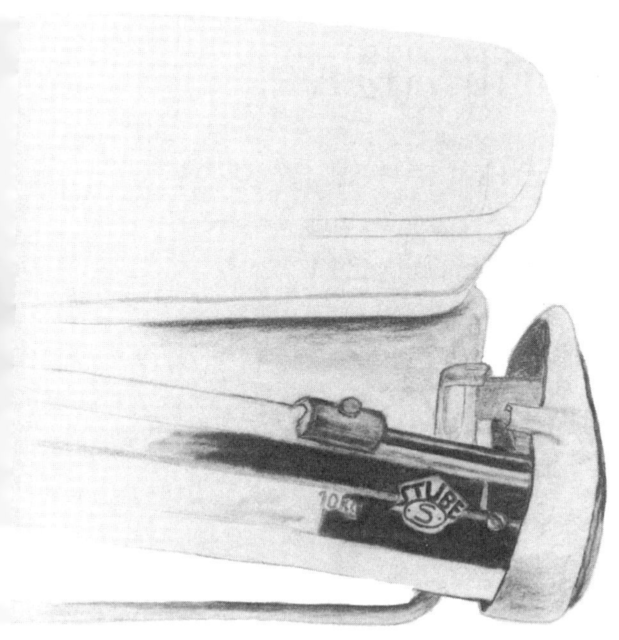
TUBE
S

Spezialitäten aus den westfälischen Teillandschaften

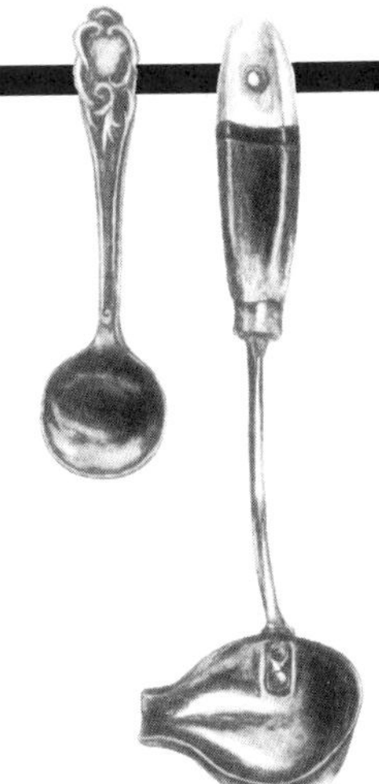

Gebildbrot (Siegen-Wittgenstein)

1 P. Hefe, 1 Teel. Zucker, 1/4 l lauwarme Milch, 500 g Mehl, 75 g Zucker, 1 P. Vanillezucker, Salz, 50 g Butter, Korinthen.

Hefe und Teelöffel Zucker mit 5 Eßlöffeln der lauwarmen Milch anrühren und gehen lassen. Aus dem Mehl, Zucker, Vanillezucker, Salz und Butter und der vorher schon zubereiteten gegangenen Hefe einen gekneteten Hefeteig herstellen. Den Teig an einem warmen Ort so lange stehen lassen, bis er etwa doppelt so hoch ist, dann nochmals mit einem Mixer gut durchkneten. Papierschablonen von beliebiger Form (z. B. Hasen) anfertigen. Man legt den Teig entsprechend der Form auf die Schablone und sticht die Ränder ab. Korinthen dekorativ für die Augen einsetzen. Der Teig wird mit Eigelb bestrichen und 20 Minuten gebacken.

Rädergebackenes (Lipperland)

3 Eier, 4 Eßl. Zucker, abgeriebene Zitronenschale, 2 Eßl. Rum, ca. 500g Mehl (nach Bedarf).

Eier, Zucker und Zitronenschale werden gut verschlagen. Rum unter weiterem Schlagen hinzufügen. Das Mehl dazugeben, bis der Teig eine Beschaffenheit hat, daß man ihn ausrollen kann. Dann rädert man kleine Vierecke aus, backt sie in siedendem Fett hellbraun, und wendet sie anschließend in Zucker und Zimt.

Vanilleplätzchen (Paderborner Land)

250g Zucker, 250g Butter, 500g Mehl, 3 Eier, 2 P. Vanillezucker, 1 Messerspitze Backpulver. Aus dem Mehl, Backpulver, Zucker, Vanillezucker, Butter und den Eiern einen Knetteig herstellen. Den Teig gut durchkneten. Von der Teigmasse mit einem Teelöffel kleine Plätzchen abstechen. Bei hoher Hitze schnell backen.

Feiner Spekulatius (Warburger Börde)

500g Mehl, 250g Butter, 250g Zucker, 4 Eigelb, 1 Messerspitze Zimt, 1/2 Zitronenschale, 1 Messerspitze Hirschhornsalz.
Das Mehl mit Butter, Zucker und Eigelb und den Gewürzen gut verarbeiten. Den Teig eine Nacht lang ruhen lassen. Den Teig in die mit Mehl ausgestäubte Form drücken; 10-15 Minuten backen.

Butterplätzchen (Südostwestfalen)

250 g Butter, 250 g feiner Zucker, 500 g Mehl, 2 Eier, 1 Prise Salz, 1 gestrichener Teel. Backpulver.
Das Mehl und Backpulver auf eine Backunterlage schütten, in der Mitte eine Vertiefung herstellen. Den Zucker in die Vertiefung streuen, darauf die Eier und die Butter geben. Von innen nach außen einen Knetteig herstellen. Masse mit einer Prise Salz gut durchkneten. Der Teig kann beliebig weiter verarbeitet werden: entweder schneidet man von einer Teigrolle fingerdicke Scheiben ab, oder man rollt den Teig aus und sticht mit Formen Plätzchen aus. Die Plätzchen werden mit Eigelb bestrichen und gebacken. (Eventuell mit Zucker, Zimt und /oder Mandeln bestreuen.)

Honigkuchen (Teutoburger Wald)

1 1/2 kg Mehl, 500 g Zucker, 500 g Honig, 1 Eßl. Butter oder Schmalz, 10 g Zimt, 10 g Nelken, 10 g Kardamon, 4 Eier, 4 Teel. Hirschhornsalz.
Man gibt Mehl in einen Rührnapf, in die Mitte macht man eine Vertiefung. Zucker, Honig, Butter oder Schmalz löst man auf dem Herd auf, läßt alles abkühlen und gibt die Flüssigkeit in die Mitte des Mehles. Zimt, Nelken, Kardamon, Eier und Hirschhornsalz fügt man hinzu und rührt von der Mitte aus den Teig an. Der Teig wird geknetet, in eine Kastenform gefüllt und gebacken.

Pfefferkuchen (Paderborner Land)

1 kg Mehl, 500 g Honig aus dem Glas, 300 g Zucker, 70 g Butter, 1 abgeriebene Zitrone, 20 g geriebene Mandeln, 5 g Zimt, 5 g Anis, 5 g Nelken, 30 g Muskat, 2 g Kardamon, 10 g Pottasche, 10 g Hirschhornsalz, Zitronat, 2 Eßl. Wasser.

Honig, Zucker und Butter auf dem Herd aufwärmen. Das Mehl mit den Gewürzen in einer großen Schüssel gut durchmischen. In der Mitte der Mehlmischung eine Vertiefung herstellen, die zäh-flüssige, abgekühlte Honig-Zucker-Masse in die Vertiefung geben. Von der Mitte ausgehend knetet man einen Teig. Den Teig in eine Kastenform füllen und bei mittlerer Hitze backen.

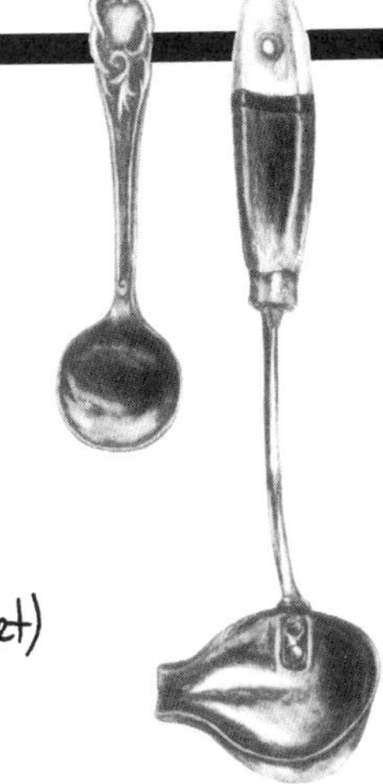

Spritzgebäck (östliches Ruhrgebiet)

200–250 g Butter, 250 g Zucker, 2 Eier, 1 P. Vanillezucker, 1 Teel. Hirschhornsalz, 500–750 g Mehl.

Butter und Zucker schaumig rühren. Unter Rühren Vanillezucker, die Eier und das Hirschhornsalz hinzufügen. Abschließend rührt man soviel Mehl unter die Masse, bis der Teig eine so klebrige Konsistenz hat, daß er sich spritzen läßt. Der Teig läßt sich in verschiedene Formen und Figuren spritzen. Die Plätzchen bis zur leichten Bräunung backen.

<u>Struwen</u> (Münsterland)

500 g Mehl, 4 Eier, 3/8 l Milch, 40 g Hefe, 2 Eßl. Zucker, Salz, 130 g Rosinen, etwas Butter, Fett zum Backen.

Das Mehl gibt man in eine große Schüssel. Die Hefe rührt man in etwas lauwarmer Milch an, gibt sie zum Mehl und vermengt beides. Warmstellen und ca. 15 Minuten aufgehen lassen. Die anderen Zutaten und die restliche Milch fügt man hinzu und verarbeitet alles zu einem Teig. Das ganze noch einmal aufgehen lassen (ca. 1 Stunde). In der Pfanne im heißen Fett kleine Plätzchen backen. Eventuell mit Zucker bestreuen.

Hirschböcke (Soester Börde)

(kräftige Gewürzspekulatien)

250 g Mehl, 500 g Butter, 500 g Zucker, 2 Eier, 1 Teel. Zimt, Nelkenpfeffer, 1 Prise Salz, Kardamon.

In das auf eine Backunterlage gestreute Mehl eine Vertiefung schaffen. Butter, Zucker und Eier in diese Vertiefung geben. Von der Mitte aus einen Teig kneten, zwischenzeitlich Gewürze zufügen und gut durchkneten. Den Teig über Nacht abgedeckt stehen lassen. Mit Hilfe eines Spekulatiusbrettes Formen gewinnen und diese backen.

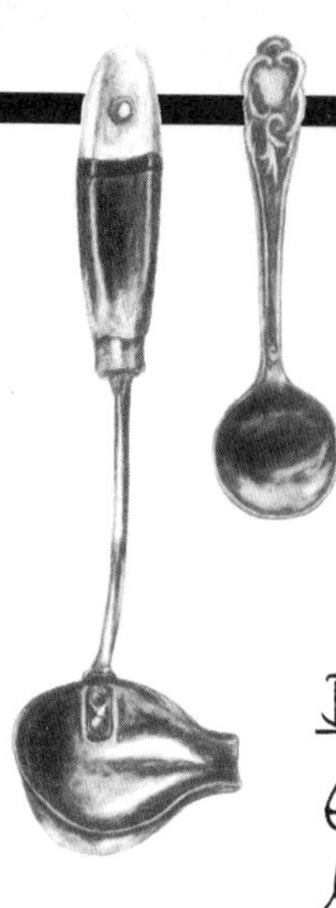

Berliner Brot (Münsterland)

Ein „klassisches" Weihnachtsgebäck des Münsterlandes, im Geschmack sehr lecker, aber etwas hart.

125 g Fett, 250 g Zucker, 2 Eier, 250 g geviertelte Nüsse, 250 g Mehl, 2 Teel. Backpulver, 1½ Teel. Zimt, 125 g geriebene Zartbitter-Schokolade.

Das Fett schaumig rühren, nach und nach Zucker und Eier hinzufügen, dann die übrigen Zutaten unterrühren. Die Masse fingerdick auf ein gut eingefettetes Blech streichen und etwa 45 Minuten bei mäßiger Hitze backen. Sofort nach dem Backen in 2-3 cm dicke Streifen schneiden.

Hagebuttenmakronen (Paderborner Land)

1 Ei, 140 g Zucker, etwas Zitronensaft, 1 Eßl. Hagebuttenmarmelade, 90 g Mandelstückchen. Eiweiß zu festem Eischnee schlagen, Zucker und Zitronensaft hinzufügen und kräftig durchrühren, Marmelade und Mandeln werden zugegeben. Aus der Masse längliche Formen bilden und auf Backpapier bei mittlerer Hitze kurz backen.

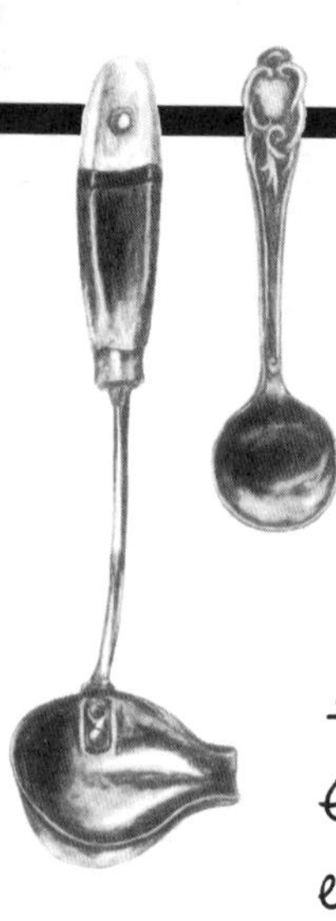

Knabbeln (Münsterland)

Eine münsterländische Spezialität ist diese einfache und alltägliche Mahlzeit, die vor allem bei der bäuerlichen Landbevölkerung gepflegt wurde.

Knabbeln, Milch oder Kaffee (heiß), Zucker.
Die Knabbeln (getrockneter und nochmals aufgebackener Bauernstuten, der in Stücke gebrochen wurde) werden in ein Kümpken (tassenähnliches Gefäß ohne Henkel) gebröckelt, ein bis zwei Teelöffel Zucker werden hinzugefügt, und das Gefäß wird mit heißer Milch oder heißem Kaffee aufgefüllt.

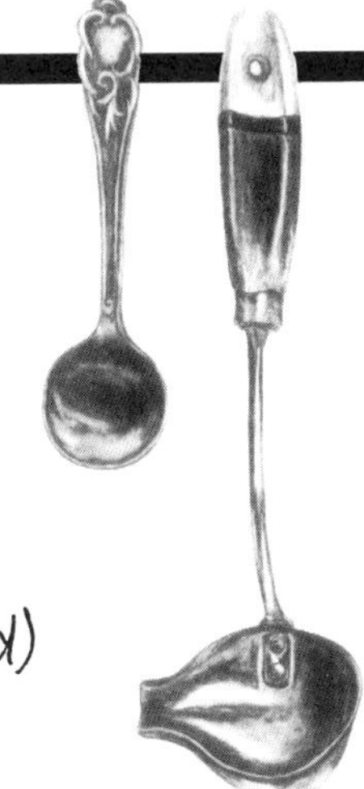

Dunkle Gewürzspekulatien (Münsterland)

Spätestens Allerheiligen wurde daran gedacht, einen ausreichenden Vorrat an knusprigen Gewürzspekulatien herzustellen. Denn dieser mußte bis Weihnachten reichen. Die Model wurden aus dem Küchenschapp geholt, und die Spekulatien nach dem Backen kühl und trocken gelagert. Hierzu wurde vielfach eine Milchkanne gewählt, damit nicht ständig genascht wurde.

1000g Mehl, 500g Zucker, 250g Butter, 2-3 Eier, etwas Zimt, Nelken, Salz, Milch, 10g Hirschhornsalz.

Die Zutaten werden zu einem Teig verarbeitet, den man über Nacht stehen lassen kann. Dann werden mit Hilfe eines Spekulatiusbrettes

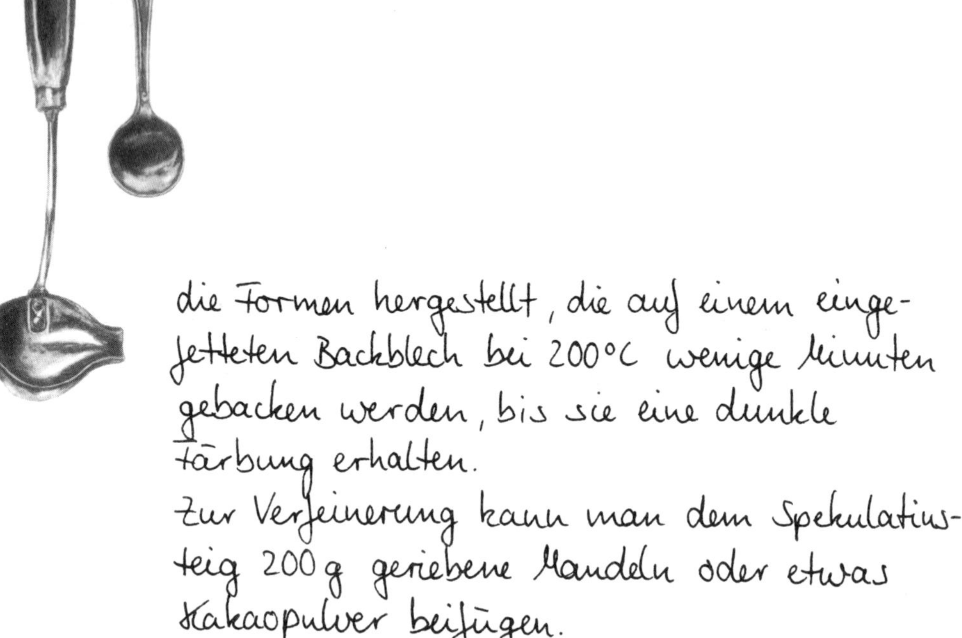

die Formen hergestellt, die auf einem eingefetteten Backblech bei 200°C wenige Minuten gebacken werden, bis sie eine dunkle Färbung erhalten.

Zur Verfeinerung kann man dem Spekulatiusteig 200 g geriebene Mandeln oder etwas Kakaopulver beifügen.

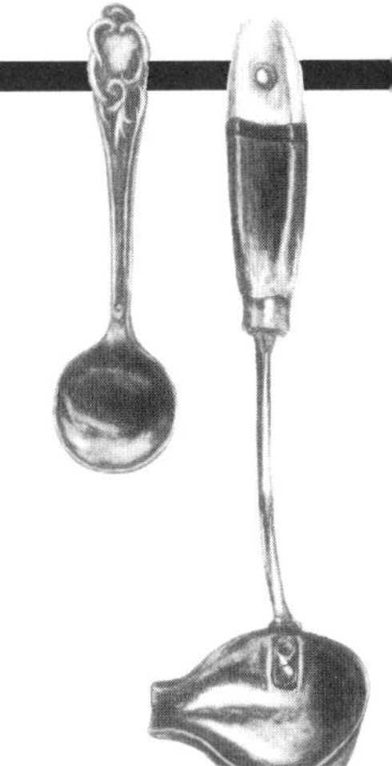

Eiserkuchen (Münsterland)

Die Eiserkuchen haben vor allem im nördlichen Westfalen zur Jahreswende (Neujahr) eine gewisse Tradition und werden mit Hilfe von langstieligen Eisen über dem offenen Herdfeuer gebacken.

Feine Eiserkuchen

250 g Butter, 3 Eier, 400 g Kandiszucker, 1 P. Vanillezucker, 1/4 - 1/2 l Wasser, 500 g Mehl, (Anis: wahlweise).

Kandiszucker auf dem Herd im Wasser auflösen. Butter darin schmelzen. Eier und den Vanillezucker schaumig schlagen, das süße warme Wasser mit dem Mehl abwechselnd zufügen. Wahlweise mit oder

ohne Anis.
Den Teig im Eiserkucheneisen knusprig backen und über einen Kochlöffel noch warm schnell zum Tütchen oder zur Rolle rollen.
Zu besonderen Anlässen können die Tütchen mit Sahne gefüllt werden!

Eiserkuchen

150 g Butter, 150 g Zucker, 2 Eier, 1 Teel. Zimt, 350 g Mehl, 1 Teel. Backpulver, 1/4 l lauwarmes Wasser.
Zubereitung wie oben. Abweichend: Zimt statt Anis; Backpulver mit dem Mehl mischen.

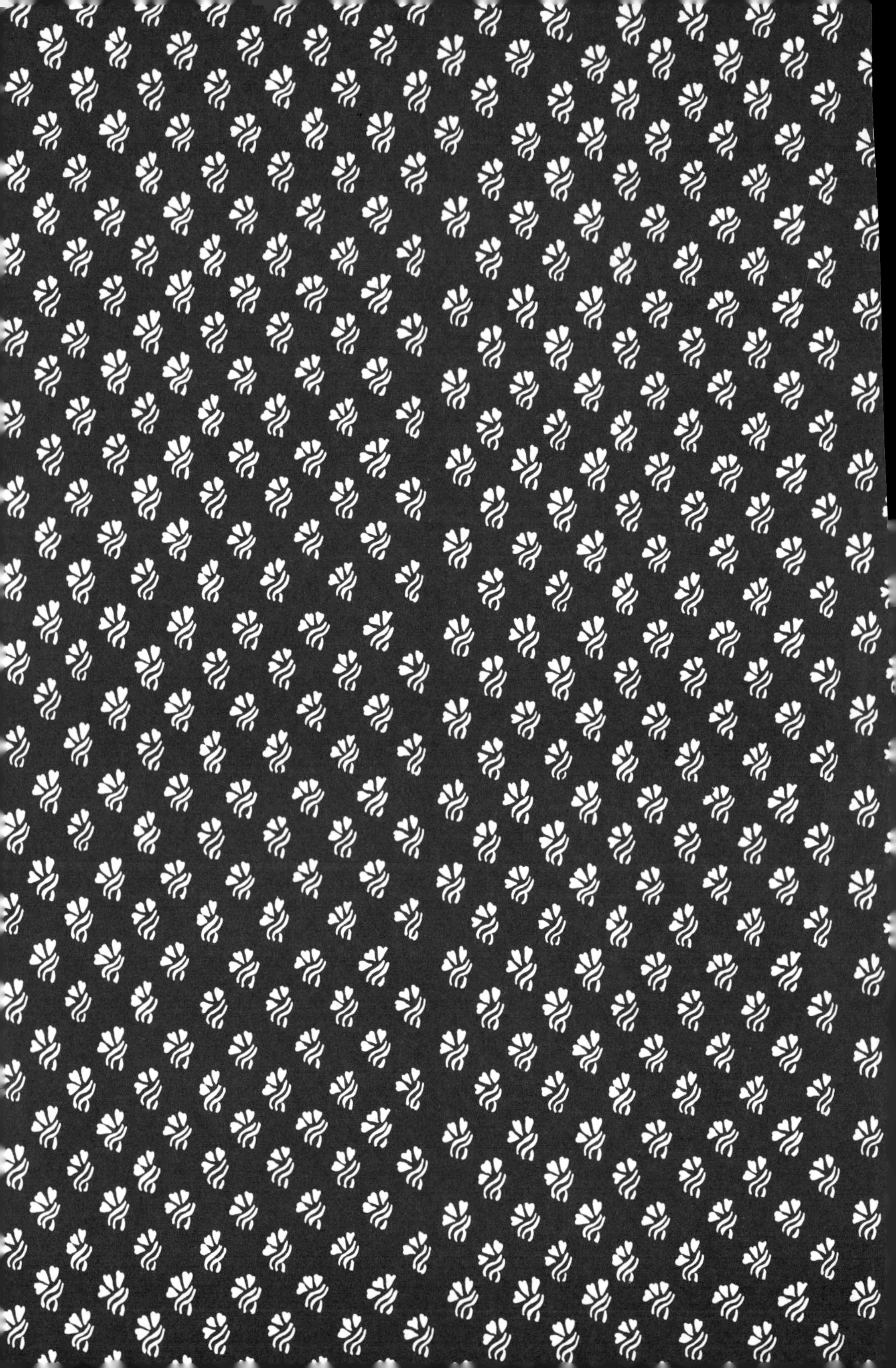